STUDENT ACTIVITIES MANUAL
(Workbook/Laboratory Manual/Video Manual)

VENTANAS

Curso intermedio de lengua española

Blanco • Dellinger • García • Yáñez

VISTA
HIGHER LEARNING

Boston, Massachusetts

Printed in the United States of America.

International Standard Book Number (ISBN): 1-59334-025-7

2 3 4 5 6 7 8 9 B 07 06 05 04

Contenido

WORKBOOK

LAB MANUAL

VIDEO MANUAL

Introduction

VENTANAS

Completely coordinated with the **VENTANAS** student textbook, the Student Activities Manual (SAM) for **VENTANAS** provides you with additional practice of the vocabulary, grammar, and language functions presented in each of the textbook's twelve lessons. The SAM will also help you to continue building your Spanish language skills—listening, speaking, reading, and writing—both on its own and in conjunction with certain other components of the **VENTANAS** program. The SAM for **VENTANAS** combines three major learning tools in a single volume: the Workbook, the Laboratory Manual, and the Video Manual.

The Workbook

Each lesson's workbook activities focus on developing your reading and writing skills as they recycle the language of the corresponding textbook lesson. Exercise formats include, but are not limited to, true/false, multiple choice, fill-in-the-blanks, sentence completions, fleshing out sentences from key elements, and answering questions. You will also find activities based on drawings and photographs.

Reflecting the overall organization of the textbook lessons, each workbook lesson consists of **Contextos** and **Estructura** sections, in addition to **Lectura** and **Composición** sections where you will concentrate on reading and writing in a more focused and directed way.

The Laboratory Manual

The laboratory activities are designed for use with the **VENTANAS** Lab Audio Program (Audio CDs or MP3 Files CD-ROMs). They focus on building your listening comprehension, speaking, and pronunciation skills in Spanish, as they reinforce the vocabulary and grammar of the corresponding textbook lesson. The laboratory manual guides you through the Lab Audio Program, providing the written cues—direction lines, models, charts, drawings, etc.—you will need in order to follow along easily. You will hear statements, questions, dialogues, conversations, monologues, commercials, and many other kinds of listening passages, all recorded by native Spanish speakers. You will encounter a wide range of activities such as listening-and-repeating exercises, listening-and-speaking practice, listening-and-writing activities, illustration-based work, and dictations.

Each laboratory lesson contains a **Contextos** section that practices the active vocabulary taught in the corresponding textbook lesson, and each one then continues with an **Estructura** section. **Lecciones 3, 6, 9,** and **12** contain a **Pronunciación** section in which you will practice sounds particularly difficult for students of Spanish.

The Video Manual

The **VENTANAS** video offers five-to seven-minute episodes of an original situation comedy, one episode for each of the twelve lessons in the student textbook. The sitcom's characters work in Mexico City for a magazine called *Facetas*, and quite a few humorous and unexpected situations arise in every episode. The main characters are Fabiola, Mariela, Diana, Éric, Johnny, and their boss Aguayo, and they all have a distinct personality that enlivens every unique situation in which they somehow seem to find themselves.

The structure of each episode parallels contemporary popular sitcoms, complete with a "teaser" scene that introduces the show and a funny "tag" scene that ends the episode with a joke. The video episodes are always expanded versions of the ones featured in the **Fotonovela** sections of your textbook. Each episode emphasizes the grammar and vocabulary of the corresponding textbook lesson within the context of the episode's key events.

The video activities will guide you through the video episodes. **Antes de ver el video** offers previewing activities to prepare you for successful video viewing experiences. **Mientras ves el video** contains while-viewing activities that will track you through each episode, homing in on key ideas and events. Lastly, **Después de ver el video** provides post-viewing activities that check your comprehension and ask you to apply these materials to your own life or offer your own opinions.

We hope that you will find the SAM for **VENTANAS** to be a useful language learning resource and that it will help you increase your Spanish language skills both effectively and enjoyably.

*The **VENTANAS** authors and the Vista Higher Learning editorial staff*

CONTEXTOS

Lección 1

Las relaciones personales

1 **¿Cómo es esa persona?** Completa el crucigrama con el adjetivo apropiado para describir la personalidad de las siguientes personas.

1. Camina con la cabeza un poco levantada. No saluda a sus compañeros de clase. Sólo habla con algunos profesores. Ríe muy poco.
2. Es bonita, graciosa e inteligente. Pero se ve fea. Piensa que no es simpática ni inteligente. Cree que su conversación es aburrida.
3. Él se enoja fácilmente. Con frecuencia contesta de mala manera. Fuma tres paquetes de cigarrillos por día y toma mucho café.
4. Odia las reuniones familiares. No le gusta salir a pasear. No le gusta conocer gente nueva. En realidad, ama estar solo y vivir en un lugar solitario frente al mar.
5. A él no le gusta prestar sus cosas. Tampoco le gusta prestar dinero. Odia cuando una vecina le pide azúcar. Gana mucho dinero, pero siempre compra lo más barato: muebles viejos, ropa usada, etc.
6. Él la mira sólo cuando ella no lo mira. Ella lo mira y él baja la mirada. Cuando ella se acerca, a él se le caen las cosas. Cuando ella le habla, él enrojece.

2 **Laura aprende a ser amable** Carmen y Laura cenaron en casa de Ana anoche. Pero la pasaron fatal porque Laura no fue muy amable. Carmen quiere ayudarla y le explica que a veces es más amable decir **no (...) muy** con un adjetivo opuesto. Escribe una oración más cortés para los comentarios de Laura.

> **modelo**
>
> En vez de decir "Ana es gorda", es más cortés decir *"Realmente, no es muy flaca"*.
> En vez de decir "¡Carlos es tan irresponsable!" es más cortés decir
> *"Bueno, no es muy responsable"*.

1. En vez de decir "Carlos parece siempre muy nervioso", es más cortés decir

    _____

2. En vez de decir "Tu hermana es antipática", es más cortés decir

    _____

3. En vez de decir "Tú eres muy insegura", es más cortés decir

    _____

4. En vez de decir "Tus hijos parecen orgullosos", es más cortés decir

    _____

5. En vez de decir "¡El portero del edificio es tan tonto!" es más cortés decir

    _____

6. En vez de decir "Qué autoritario es Carlos", es más cortés decir

    _____

3   **Decirlo con otras palabras** Indica la oración que expresa mejor la misma idea.

1. Después de dos años de noviazgo, ayer María rompió con Juan.

_____ a. Fueron novios durante dos años. Ayer María decidió terminar su relación con Juan.

_____ b. Fueron novios durante dos años. Ayer Juan y María decidieron casarse.

_____ c. Fueron novios durante dos años. Ayer María y Juan se enojaron.

2. Manuel siempre se pone pesado cuando tiene un examen.

_____ a. Cuando tiene un examen, Manuel aumenta de peso.

_____ b. Cuando tiene un examen, Manuel está triste.

_____ c. Cuando tiene un examen, Manuel molesta a los demás.

3. Mi marido no soporta a mi madre.

_____ a. Mi marido no ayuda a mi madre.

_____ b. A mi marido no le gusta mi madre.

_____ c. Mi madre se cayó y mi marido no pudo ayudarla.

4. Lo conoció en una cita a ciegas.

_____ a. Lo conoció en una reunión.

_____ b. Lo conoció después que él tuvo su accidente.

_____ c. No se conocían y organizaron un encuentro para conocerse.

4   **Un caso de amor no correspondido** Carmen no pudo ir a la fiesta de cumpleaños de Antonio. Natalia le cuenta que no lo pasó muy bien. Completa las oraciones con una de las expresiones de la lista. Haz todos los cambios necesarios.

amor no correspondido	hacerle caso	tener celos
contentarse con	pasarlo fatal	tener ganas de
estar orgulloso/a de	ponerse pesado	tener vergüenza de

CARMEN ¿Cómo estuvo la fiesta de cumpleaños de Antonio?

NATALIA ¡No me lo recuerdes! 1) _____

CARMEN ¿Por qué? ¿Qué pasó?

NATALIA Bueno, ya sabes que él está muy enamorado de Marina. Pero ella ...

CARMEN Sí, lo sé. Es un caso de 2) _____

NATALIA Ella 3) _____ dejarlo. Y él lo sabe.

CARMEN Antonio cree que Marina es un premio y sólo 4) _____ ella.

NATALIA Sí. Pero anoche Marina coqueteó con Tomás, un amigo de Antonio.

CARMEN Y siempre Antonio 5) _____, ¿no?

NATALIA ¡Sí! ¡Muy pesado! Cuando le hablé, me contestó muy mal.

CARMEN No debes 6) _____. No estaba enojado contigo. Estaba enojado con Marina.

NATALIA Tienes razón. Antonio 7) _____ de Tomás.

ESTRUCTURA

1.1 Nouns, articles, and adjectives

1 **Un chiste** Completa el chiste con los artículos apropiados. Recuerda que en algunos casos no debes poner ningún artículo.

1) _____ pareja se va a casar. Él tiene 90 años. Ella tiene 85. Entran en 2) _____ farmacia y 3) _____ novio le pregunta al farmacéutico (*pharmacist*):

—¿Tiene 4) _____ remedios para 5) _____ corazón?

—Sí —contesta 6) _____ farmacéutico.

—¿Tiene 7) _____ remedios para 8) _____ presión?

—Sí —contesta nuevamente 9) _____ farmacéutico.

—¿Y 10) _____ remedios para 11) _____ artritis?

—Sí, también.

—¿Y 12) _____ remedios para 13) _____ reumatismo?

—También.

—¿Y 14) _____ remedios para 15) _____ colesterol?

—Sí. Ésta es 16) _____ farmacia completa. Tenemos de todo.

Entonces 17) _____ novio mira a 18) _____ novia y le dice:

—Querida, ¿qué te parece si hacemos 19) _____ lista de los regalos de bodas aquí?

2 **El consultorio del doctor Amor** Lee el consejo del doctor Amor y completa las oraciones con la forma adecuada del adjetivo.

Tu caso, querida Julia, no es 1) _____ (raro). Ocurre con 2) _____ (mucho) frecuencia. Hay 3) _____ (malo) personas que juegan con los 4) _____ (bueno) sentimientos. Tu jefe es una de esas personas. Finalmente descubriste que él estaba 5) _____ (casado). Pero te dijo que su esposa lo abandonó. Él vio que tú eres una 6) _____ (buen) chica. Y te engañó. Es una persona 7) _____ (falso). Tus sentimientos son 8) _____ (verdadero) y 9) _____ (sincero). Pero él te hizo pensar que estaba 10) _____ (deprimido). Sé que estás pasando por un momento 11) _____ (difícil). Te aconsejo que abandones a tu jefe y que busques otro empleo. Pronto te sentirás mejor.

3 **La carta de Julia** ¿Qué decía la carta de Julia? Escribe la carta que ella le escribió al doctor Amor. Usa por lo menos cinco adjetivos en tus oraciones.

Estimado doctor Amor,

_____

_____

_____

_____

_____

Atentamente,

Julia

Workbook

4 **Un gran ejercicio ... ¿O un ejercicio grande?** Indica el significado apropiado para las expresiones.

1. Carlos es un pobre hombre.

_____   a. Carlos es un hombre que gana poco dinero.

_____   b. Carlos es un hombre que da lástima.

2. Ella me da una respuesta cierta.

_____   a. Ella me da una respuesta correcta.

_____   b. Ella me da una respuesta.

3. Es un viejo amigo.

_____   a. Somos amigos desde hace muchos años.

_____   b. Él es un amigo que tiene 95 años.

4. Los dos estudiantes me dan la misma respuesta.

_____   a. Los dos estudiantes me dan una respuesta.

_____   b. Los dos estudiantes me dan respuestas idénticas.

5. Se muda a su antiguo edificio.

_____   a. Se muda a un edificio viejo.

_____   b. Se muda al edificio donde vivía antes.

6. Es un país pobre.

_____   a. Es un país con una economía débil.

_____   b. Es un país que no es respetado por otros países.

7. Mi hija tiene un nuevo profesor.

_____   a. Mi hija tiene un profesor muy joven.

_____   b. Mi hija tiene un profesor que no trabajó antes en su escuela.

8. Tu madre es una gran persona.

_____   a. Tu madre es una persona gorda y alta.

_____   b. Tu madre es una persona muy buena.

5 **Correo sentimental** La revista *Ellas y ellos* tiene una sección de anuncios personales. Muchas personas los usan, y a veces reciben una respuesta y otras veces no. Este anuncio recibió unas cien respuestas. Complétalo con la forma corta o larga de los adjetivos de la lista.

buen	mal	tercer	ningún	gran
bueno/a	malo/a	tercero/a	ninguno/a	grande

Mi perrito y yo buscamos amor

Tengo 43 años y soy viudo desde hace tres años. Soy un 1) _____ hombre: tranquilo y trabajador. Me gustan las plantas y no tengo 2) _____ problema con mis vecinos. Cocino y plancho. Me gusta ir al cine y no me gusta el fútbol. Tengo 3) _____ humor por las mañanas y mejor humor por las noches. Vivo en un apartamento 4) _____ , en el 5) _____ piso de un edificio de Montevideo. Sólo tengo un pequeño problema: mi perro. Algunos dicen que tiene 6) _____ carácter. Otros dicen que es un 7) _____ animal. Yo creo que es 8) _____ . Pero se siente solo. Como su dueño.

1.2 Present tense of regular and irregular verbs

1 **¡Una vida llena de aventuras!** Si quieres saber cómo es la vida de Margarita sólo necesitas saber cómo es un día típico de Margarita. Ella explica que hace todos los días lo mismo. Completa las oraciones con la forma correcta de los verbos entre paréntesis. Algunas oraciones necesitan más información.

1. A las 8, yo _____ (levantarse).

2. Después, _____ (darse).

3. A las 8, yo _____ (peinarse, ponerse).

4. A las 9, _____ (tomar, comer).

5. A las 10, _____ (llevar).

6. A las 11:45, yo _____ (salir, coquetear).

7. A la 1, _____ (conducir).

8. Allí _____ (almorzar).

9. Por la tarde, yo _____ (ir).

10. Luego, _____ (comprar).

11. A las 8:30, _____ (dar).

12. A las 9:15, yo _____ (acostarse, leer, mirar).

2 **¿Y tú qué haces?** ¿Es tu rutina diaria como la de Margarita? Bajo **Similitudes**, escribe cuatro oraciones que describan cómo tu rutina diaria es similar a la de Margarita. Bajo **Diferencias**, escribe cuatro oraciones que describan cómo tu rutina diaria es diferente a la de Margarita.

Similitudes: _____

_____

_____

_____

Diferencias: _____

_____

_____

_____

_____

Workbook

3 **¿Cuáles fueron las preguntas?** Juan está enamorado de Marina. Muy enamorado. Por eso insiste mucho y no entiende que Marina no está interesada en él. ¿Cuáles fueron las preguntas de Juan? Escríbelas usando los verbos entre paréntesis.

JUAN ¿1) _____? (cenar)

MARINA No, gracias, ya cené.

JUAN ¿2) _____? (querer)

MARINA No, gracias. No tomo café. No tomo nada después de comer.

JUAN ¿3) _____? (ir)

MARINA A mi casa. Me espera mi mamá.

JUAN ¿4) _____? (acompañar)

MARINA No es necesario. Vivo en la esquina.

JUAN ¿5) _____? (salir)

MARINA Esta noche no puedo. Salgo con unos amigos.

JUAN ¿6) _____? (invitar)

MARINA No. No puedo invitarte. Mis amigos no son muy sociables.

JUAN ¿7) _____? (ir)

MARINA Al cine. Y mañana voy al teatro. Y el sábado a bailar. Y el domingo al parque. Y el lunes tengo que ir a la universidad.

JUAN ¿8) _____? (tener)

MARINA El martes no tengo ni un solo minuto.

4 **Conclusiones falsas** Felipe tiene una costumbre fea: saca conclusiones con mucha rapidez. Y por eso saca conclusiones falsas. Completa las ideas iniciales y las conclusiones falsas.

1. La pintora Marina Pérez es desordenada.
   El pintor Pablo Molina es desordenado.
   La pintora Josefina Sánchez es desordenada.
   Conclusión: Todos los pintores _____ desordenados.

2. El mejor amigo de Juan no sabe dar consejos.
   Yo no _____ dar consejos.
   Tú no _____ dar consejos.
   Conclusión: Nadie _____ dar consejos.

3. Mi profesor no reconoce las opiniones de los estudiantes.
   Los estudiantes no _____ las opiniones de sus padres.
   Yo no _____ las opiniones de mi novia.
   Conclusión: Nosotros en general no _____ las opiniones de nadie.

4. Ana tiene mucho dinero y es tacaña.
   Tú _____ mucho dinero y no lo gastas.
   Maite y Ramón _____ dinero y nunca van de compras.
   Conclusión: La gente que _____ mucho dinero es tacaña.

5. Mis hermanos siguen los malos ejemplos.
   Tú _____ los malos ejemplos.
   Yo _____ los malos ejemplos.
   Conclusión: Nosotros los jóvenes _____ los malos ejemplos.

1.3 Stem-changing verbs

1 **Diálogos** Completa los diálogos de Germán y sus compañeros de oficina usando el verbo entre paréntesis.

1. (pedir)

   GERMÁN   Yo _____ un aumento de sueldo. Tú _____ un aumento de sueldo.

   MICAELA   Sí, todos nosotros _____ un aumento de sueldo.

2. (almorzar)

   GERMÁN   Tú _____ en la cafetería todos los días, Micaela _____ en la cafetería tres veces por semana y yo hoy _____ en la cafetería.

   PEPE   ¿Por qué hoy no _____ todos nosotros juntos?

3. (preferir)

   GERMÁN   Marcelo _____ viajar a España. Y tú, Martín, ¿_____ viajar a España?

   MARTÍN   Yo _____ viajar a México.

4. (dormir)

   PEPE   Yo _____ seis horas. Mis hijos _____ diez horas. Y mi hija _____ siete horas.

   GERMÁN   ¿¡Seis horas!? ¡Tú _____ todo el día!

5. (perder)

   PEPE   Martín nunca _____ la paciencia. Yo tampoco _____ la paciencia. ¿Tú nunca _____ la paciencia?

   GERMÁN   Cuando estoy de mal humor siempre _____ la paciencia.

6. (entender)

   MARÍA   No _____ a mis hijos. Mi esposo tampoco los _____.

   GERMÁN   ¿Y tus padres te _____ a ti?

2 **¡Pobre María!** María está enojada. Tiene problemas con su familia y sus amigos. Escribe tres oraciones explicando por qué María está enojada. Utiliza los verbos entre paréntesis como en el modelo.

> **modelo**
> María está enojada con su esposo porque ...
> (despedirse) cuando va al trabajo no se despide de ella.
> (encender) enciende cigarrillos y los deja encendidos.
> (dormir) se duerme cuando van al cine.

1. María está enojada con sus hijos porque ...

   (vestirse) _____

   (recordar) _____

   (volver) _____

2. María está enojada con su mejor amiga, Alicia, porque ...

   (reír) _____

   (devolver) _____

   (contar) _____

3. María está enojada con sus vecinos porque ...

   (acostarse) _____

   (soler) _____

   (defender) _____

Workbook

3 **Cita a ciegas** Micaela, la compañera de trabajo de Germán, siempre está navegando en Internet. Busca a alguien para salir. Por eso escribe un anuncio personal y se interesa por los anuncios de dos muchachos. Completa los anuncios con los verbos de la lista, los cuales no están en el orden correcto. ¿A quién sugieres que le conteste Micaela?

Micaela

Daniel

Augusto

Tengo 25 años. Me
1) _____
estudiar; ahora
2) _____ francés
y alemán.
3) _____ en un
banco. 4) _____
salir con amigos. Soy simpática y
graciosa, pero a veces estoy
deprimida cuando pienso en mi
divorcio.
5) _____ a los
hombres inteligentes y seguros.
6) _____
encontrar nuevamente un gran
amor.
(estudiar, gustar, preferir, querer,
soler, trabajar)

¡Hola, soy Daniel! Soy
divorciado y estoy a cargo de
una hija.
7) _____ casas y
edificios. No me
8) _____ mucho
puesto que tengo demasiado
trabajo.
9) _____ que
estoy deprimido y no me
10) _____
mucho. Me
11) _____ solo.
Pero deseo encontrar a una
mujer joven, responsable y
tradicional para salir.
(confesar, construir, divertirse,
reír, sentir)

Soy Augusto.
12) _____ los
días cantando en la ducha, luego
me 13) _____ a
leer el periódico, escuchar la
radio y ver televisión. Trabajo
por las tardes; soy periodista. Me
14) _____ muy
tarde por la noche. A las chicas
aburridas les
15) _____ que
no me escriban.
(acostarse, empezar, sentarse,
sugerir)

4 **¿Cuál fue la pregunta?** Finalmente, Micaela decide encontrarse con Augusto en un restaurante. Lee los fragmentos de esa conversación. Escribe preguntas para las respuestas usando la forma apropiada del verbo entre paréntesis.

1. **MICAELA**   ¿ _____? (elegir)
    AUGUSTO El tinto.

2. **AUGUSTO** ¿ _____? (sugerir)
    MICAELA   El pollo porque aquí lo cocinan muy rico.

3. **AUGUSTO** ¿ _____? (destruir)
    MICAELA   Porque van a construir un nuevo edificio en ese lugar.

4. **AUGUSTO** ¿ _____? (soñar)
    MICAELA   Deseo impresionar a mi jefe para que me dé un aumento de sueldo.

5. **MICAELA**   ¿ _____? (negar)
    AUGUSTO No soy celoso.

6. **CAMARERO** ¿ _____? (servir)
    MICAELA   Una ensalada y una porción de pollo.

1.4 Ser and estar

1 **¿Ser o estar?** En las oraciones, escribe **es**, **son**, **está** o **están** según corresponda.

1. ¿Conoces la casa de Mauro? _____ en la calle Piedrabuena.

   _____ una casa muy hermosa.

2. Mauro _____ gordo. Ahora _____ haciendo ejercicios aeróbicos

   para adelgazar.

3. Camila y Mauro _____ novios. Camila _____ segura y

   tranquila. Pero ahora _____ un poco deprimida porque Mauro es celoso.

4. La madre de Mauro _____ preocupada por sus hijos. _____ una

   madre muy insegura.

5. Camila y Mauro _____ responsables. Ahora no hacen bien su trabajo porque

   _____ enamorados.

6. _____ primavera, el parque _____ lleno de flores. Mauro y

   Camila suelen pasear los domingos por el parque.

7. La camisa de Camila _____ muy linda. _____ de seda italiana.

8. _____ las cinco de la mañana. Camila no _____ acostada porque

   _____ estudiando para un examen.

2 **Expresiones parecidas** Elige la frase más apropiada.

1. Antes, Juan era muy bajo. Ahora creció.
   a. Juan es alto. b. Juan está alto.
2. La madre de Juan siempre se ríe. Es amable y no se enoja casi nunca.
   a. La madre de Juan es alegre. b. La madre de Juan está alegre.
3. Juan se va de vacaciones con sus amigos. Ya tiene todo en orden. Quiere salir ahora.
   a. Juan es listo para irse de vacaciones. b. Juan está listo para irse de vacaciones.
4. La profesora de Juan es muy desorganizada; siempre llega tarde y nunca comprende las preguntas de sus estudiantes.
   a. La profesora es mala. b. La profesora está mala.
5. A Juan no le gusta pasear. Tampoco le gusta bailar. Está todo el día viendo televisión.
   a. Juan es aburrido. b. Juan está aburrido.
6. Juan conoció a una muchacha muy linda. Ahora está enamorado de ella.
   a. Juan es loco de amor. b. Juan está loco de amor.
7. Mi camisa blanca está muy vieja. Cambió de color. Debo lavarla.
   a. La camisa es amarilla. b. La camisa está amarilla.
8. Juan está en una cafetería con su nueva amiga. Se pone muy nervioso y enrojece.
   a. Juan es rojo. b. Juan está rojo.

3 **El amigo invisible** El amigo invisible es un juego en el que los miembros de una familia, escuela, oficina, etc. escriben sus nombres y los ponen en una bolsa. Luego, sacan el nombre de otra persona para ser su amigo/a invisible. Durante un tiempo, el/la amigo/a invisible debe escribirle cartas y mandarle regalos a esa persona. En las cartas, se escriben pistas (*clues*) para que la otra persona adivine quién le está escribiendo. Germán y sus compañeros de trabajo están jugando en su oficina al amigo invisible. Completa las cartas que recibe Martín con los verbos **ser** o **estar** en la forma apropiada.

1. ¡Hola, Martín! ¿Cómo _____? Yo _____ tu amigo invisible, y _____ muy contento. Tú y yo _____ muy amigos y siempre hablamos de las cosas de la oficina. Con esta cartita te regalo un pañuelo. _____ de seda. Sé que te gustan mucho. Con cariño, tu amigo invisible.

2. ¿Qué tal, Martín? Yo _____ muy nervioso. Hoy tengo una cita con una chica que conocí en una cafetería. _____ muy simpática y sociable. Pero yo _____ tímido, y no sé cómo dar el primer paso. Te contesto tu pregunta: no _____ tacaño. ¿Por qué preguntas eso? Pronto recibirás otra carta. Tu amigo invisible.

3. Querido Martín, _____ muy feliz. María _____ una chica talentosa e inteligente. Siento una gran atracción por ella, y ella también por mí. _____ simpática pero enrojece cuando la miro mucho. _____ muy linda. No _____ de Buenos Aires. Mañana vamos a bailar. Yo no sé bailar bien, pero _____ practicando. Te contesto tu pregunta. _____ venezolano, pero _____ en Buenos Aires porque me gusta mucho. El clima _____ menos caluroso que en Caracas. No puedo escribirte más. _____ las doce de la noche y debo acostarme. Tu amigo invisible.

4. ¡Hola, hombre! Me preguntas cómo _____. Te lo diré: _____ generoso, inteligente, responsable y simpático. Pero también _____ un poco mentiroso ... Aunque ahora _____ un poco deprimido: María no quiere otra cita. Tu amigo invisible.

4 **Las preguntas de Martín** Lee otra vez las cartas que el amigo invisible le escribió a Martín. En esas cartas, el amigo invisible le contesta algunas preguntas. Escribe las preguntas de Martín usando los verbos **ser** y **estar**.

1. a. _____

   b. _____

2. a. _____

   b. _____

3. a. _____

   b. _____

4. a. _____

   b. _____

LECTURA

1   **Antes de leer** ¿Cómo son las personas que tienen éxito en las relaciones románticas? ¿Qué hacen? Escribe una lista.

2   **Lectura** *Planes* es una revista para gente joven. Lee esta nota.

Una historia del primer paso

MANUEL

Manuel cree que tiene éxito con las mujeres porque es amable y sabe contar historias. Pero también sabe escuchar muy bien lo que dicen los demás. No piensa que sea necesario ser joven, guapo y rico para impresionar a una mujer. Sin embargo, Manuel trata de ser lo más simpático y generoso posible, porque piensa que a las mujeres no les gustan los hombres antipáticos y tacaños. A la misma vez, intenta ser lo más abierto posible y tener buena comunicación con sus novias. Está buscando una chica intelectual y moderna.

ELENA

Para Elena, la belleza física no es lo más importante. Ella tiene éxito cuando sonríe mucho, expresa sus opiniones, hace preguntas y mira a los hombres a los ojos. Para Elena, un hombre se impresiona cuando la mujer es intelectual, simpática y expresiva. No tiene miedo de dar los primeros pasos en sus relaciones. En estos momentos, ella está buscando un chico que respete sus ideas y las escuche atentamente. Su próximo novio también necesita ser abierto y comunicativo.

CÓMO SE CONOCEN MANUEL Y ELENA

Él está en un café y ella entra y lo mira, luego se sienta. Él la mira mucho también. Ella se pregunta si él siente atracción por ella. Al principio, él no le habla y no muestra sus sentimientos. Ella no está segura de si le gusta. Él muestra algo de timidez, pero no parece inseguro. Ella se levanta de su silla, camina hacia él y le da un papel con su teléfono. Luego se va. Después de varios días, él la llama por teléfono y la invita a salir. Van a una cafetería y hablan mucho tiempo sobre política, arte y deportes. Él le hace muchas preguntas pero tiene miedo de admitirle que ella le gusta. Ella no sabe qué pensar.

3   **Para entender mejor**

1. ¿Cómo es, qué hace y qué tiene Manuel para tener éxito con las mujeres?
    _____

2. ¿Cómo es, qué hace y qué tiene Elena para tener éxito con los hombres?
    _____

3. ¿Qué busca Manuel en una chica? ¿Qué busca Elena en un chico?
    _____
    _____

4   **Para opinar**

1. Relee tu lista inicial y busca en el texto ideas similares.

2. Elige dos ideas de la revista con las que tú estás de acuerdo. ¿Por qué estás de acuerdo?
    _____
    _____

3. Elige dos ideas de la revista con las que tú no estás de acuerdo. ¿Por qué estás en desacuerdo?
    _____
    _____

4. ¿Crees que a todos los hombres les gustan los mismos tipos de mujeres? ¿Y a todas las mujeres les gustan los mismos tipos de hombres? ¿Por qué?
    _____

COMPOSICIÓN

Como Micaela, Augusto y Daniel, tú quieres tener una cita a ciegas. Para eso, escribes a una página de Internet contando cómo eres.

1 **Para pensar el texto** Contesta brevemente lo siguiente.

1. Haz una lista con siete adjetivos que digan cómo eres.

_____

2. Elige cinco de los siete adjetivos y explica por qué eres así.

a. _____

b. _____

c. _____

d. _____

e. _____

3. Escribe cinco cosas que te gusta hacer.

_____

_____

Completa las siguientes oraciones explicando cómo es tu vida:

Por la mañana _____

Por la tarde _____

Por las noches _____

Los fines de semana _____

2 **Escribe el texto** Escribe tu descripción. Primero elige el orden en que vas a escribir las ideas. Luego, redacta.

_____

_____

_____

_____

_____

_____

_____

_____

_____

_____

_____

_____

_____

_____

_____

_____

_____

_____

CONTEXTOS

Lección 2

Las diversiones

1   **El crucero** A muchas personas les gusta viajar en cruceros porque ofrecen infinitas posibilidades de actividades. Para cada categoría, escribe por lo menos tres actividades que se pueden hacer en un crucero.

1. ejercicio físico: _____

2. actividades culturales: _____

3. juegos: _____

4. habitación: _____

5. música: _____

6. actividades sociales: _____

2   **Algo para todos** Los cruceros también ofrecen actividades para todas las edades. Para cada edad de la lista, escribe por lo menos tres actividades apropiadas que ofrecen los cruceros.

1. los niños de 5 a 12 años: _____

2. los adolescentes: _____

3. los jóvenes de 20 a 30 años: _____

4. las personas de entre 31 y 59 años: _____

5. las personas mayores de 60 años: _____

3   **Fin de semana por la noche** Cuando los pasajeros suben al crucero, reciben folletos con información sobre los distintos entretenimientos. Lee los anuncios y escribe las palabras que describen los elementos señalados.

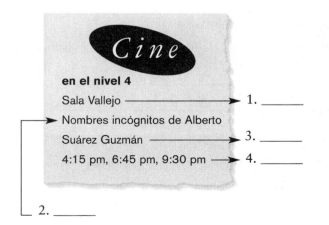

Cine

en el nivel 4

Sala Vallejo ⟶ 1. _____

Nombres incógnitos de Alberto
Suárez Guzmán ⟶ 3. _____

4:15 pm, 6:45 pm, 9:30 pm ⟶ 4. _____

2. _____

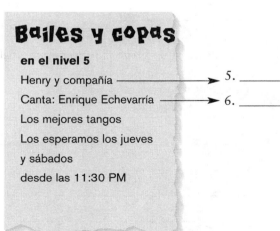

Bailes y copas

en el nivel 5

Henry y compañía ⟶ 5. _____

Canta: Enrique Echevarría ⟶ 6. _____

Los mejores tangos
Los esperamos los jueves
y sábados
desde las 11:30 PM

4 **Sugerencias del capitán** Mirta y Carlos están viajando en un crucero y están muy impresionados con la variedad de actividades. Le hacen preguntas al capitán para poder planear sus vacaciones en el mar. Según sea necesario, escribe la pregunta de Mirta o Carlos o la respuesta del capitán.

MIRTA ¿Puedo jugar al tenis?

CAPITÁN 1) _____

CARLOS ¿ 2) _____?

CAPITÁN Lo lamento. En este crucero no hay.

MIRTA ¿Dónde están las habitaciones?

CAPITÁN 3) _____

CARLOS ¿ 4) _____?

CAPITÁN No, lo siento. Tiene que ir al bar.

MIRTA Tengo que reunirme con mi esposo en la mesa de billar.

CAPITÁN 5) _____

CARLOS ¿ 6) _____?

CAPITÁN En el último nivel. Hoy, miércoles, toca el conjunto "Henry y compañía".

5 **¿Y tú?** Haz una lista de las actividades que te gustaría hacer en un crucero o que has hecho en un crucero en el pasado.

_____   _____   _____

_____   _____   _____

_____   _____   _____

Ahora escribe un breve párrafo para describir cómo es tu crucero ideal. Usa el presente del indicativo.

En el crucero ideal, yo _____

_____

_____

_____

_____

_____

_____

ESTRUCTURA

2.1 Progressive forms

1

Problemas en el conjunto musical Martín es el representante del grupo musical "Henry y compañía". Debía reunirse con el resto del grupo para ensayar (*to rehearse*) un nuevo tema musical. Pero sólo se presentó uno de los músicos y Martín está muy enojado. Completa el diálogo con el gerundio del infinitivo entre paréntesis.

GUILLE   ¿Qué anda 1) _____ (buscar), jefe?

MARTÍN   Al grupo. Hace media hora que debía estar aquí.

GUILLE   Están 2) _____ (descansar), jefe. Anoche estuvimos

3) _____ (trabajar) hasta tarde.

MARTÍN   ¡Me estoy 4) _____ (poner) nervioso! Tenemos que ensayar el nuevo tema.

¿Qué están 5) _____ (hacer)?

GUILLE   Juan está 6) _____ (dormir). Se acostó al mediodía.

MARTÍN   ¡Ese muchacho sigue 7) _____ (ser) un irresponsable! No sé por qué lo sigo

8) _____ (soportar).

GUILLE   No se enoje, jefe. El muchacho está 9) _____ (tocar) muy bien la guitarra.

MARTÍN   ¿Qué me dices de Karina?

GUILLE   Hace media hora estaba 10) _____ (leer) una novela en la biblioteca.

MARTÍN   ¿Y la cantante? ¿Dónde está 11) _____ (perder) el tiempo?

GUILLE   Está 12) _____ (comer).

MARTÍN   ¿Otra vez? ¡No podemos seguir a este ritmo!

2

¿Qué están haciendo? Elige cinco de las personas de la lista, y para cada una escribe una oración completa con **estar** + [*gerundio*] para explicar lo que está haciendo ahora mismo.

mi compañero/a de cuarto   mi novio/a

mi madre   mi padre

mi mejor amigo   mi profesor(a) de español

1. _____

2. _____

3. _____

4. _____

5. _____

3 **Diálogo amoroso en la biblioteca** Estás en la biblioteca del crucero y sin querer oyes la conversación de dos novios. Lee las respuestas y escribe la pregunta que falta. Usa en las preguntas formas del gerundio con **estar**.

ÉL ¿A quién 1) _____?

ELLA A nadie. ¡Sólo tengo ojos para mirarte a ti!

ÉL ¿En qué 2) _____?

ELLA En nuestro fin de semana. El estreno de la película fue maravilloso.

ÉL ¿Qué 3) _____?

ELLA Una novela del siglo diecinueve.

ÉL ¿Qué 4) _____?

ELLA Una soda.

ÉL ¿Qué 5) _____?

ELLA Sólo apuntes para el ensayo de literatura.

ÉL ¿De qué 6) _____?

ELLA Tus preguntas celosas me hacen reír.

4 **Andar, estar, ir, seguir, venir** En una de las habitaciones del crucero, las cosas no andan bien entre Mirta y Carlos. Para cada par de verbos, elige la opción más adecuada para completar el diálogo.

CARLOS Me 1) (ando — estoy) desesperando. ¿Dónde estabas?

MIRTA 2) (Estaba — Iba) leyendo el periódico en la biblioteca.

CARLOS 3) (Estás — Vas) diciendo mentiras. Yo estuve dos veces en la biblioteca.

MIRTA ¡Ah, sí! Se me olvidó. Antes de venir aquí, 4) (andaba — seguía) buscando qué película pasan hoy en el cine.

CARLOS ¿Y cuál pasan?

MIRTA Ehhh ... Esta noche no hay cine.

CARLOS 5) (Sigues — vienes) diciendo mentiras. ¡Esta noche hay función doble!

MIRTA Tienes razón, mi amor. Pero es lo que 6) (andan — vienen) diciendo nuestros vecinos. La gente de información no sabe nada.

CARLOS ¿Me 7) (sigues — vienes) diciendo la verdad?

MIRTA ¿Qué te 8) (está — viene) pasando, amorcito?

CARLOS ¿Por qué? ¿Qué 9) (sigues — vas) sugiriendo?

MIRTA Hace días que 10) (andas — vas) criticando todo. ¿Acaso no te 11) (estoy — vengo) tratando bien?

CARLOS Ehh ... sí ... claro ... ¿De qué 12 (andas — sigues) hablando?

2.2 Object pronouns

1 **¿A qué se refieren?** Steven llegó hace poco a Buenos Aires. Todavía no habla muy bien el español, pero está progresando rápidamente. Está tratando de entender las noticias deportivas porque le gusta mucho el deporte. Por eso subrayó las palabras que no entiende. Indica el sustantivo al que se refiere cada pronombre subrayado.

Fútbol: Ganó el San Martín Deportivo

Durante el primer tiempo, el partido fue muy aburrido. Pero en el segundo tiempo, el San Martín <u>lo</u> animó y <u>le</u> ganó al Santiago 3 a 1. Ramírez, el goleador, hizo el gol final. Dos fanáticos comentaron: "No <u>nos</u> llamó la atención. El San Martín siempre <u>nos</u> da el premio de la victoria."

1. lo = _____
2. le = _____
3. nos = _____
4. nos = _____

Mundial de vóleibol

El equipo argentino <u>le</u> ganó 3-2 a Corea. El quinto set fue una locura. "Cuando <u>me</u> lastimé el tobillo, creí que era la derrota" dijo el capitán. Pero <u>se</u> equivocó.

5. le = _____
6. me = _____
7. se = _____

Golf

Alberto Jiménez y Eduardo Camacho <u>se</u> propusieron ser ganadores este fin de semana. Y <u>lo</u> están consiguiendo. Porque Jiménez está en segundo lugar en los torneos europeos y Camacho está en cuarto lugar.

8. le = _____
9. se = _____

2 **Los consejos del entrenador** Felipito juega al fútbol. En el partido del domingo, él y sus compañeros de equipo se portaron muy mal. El lunes el entrenador estaba enojado. Antes de comenzar, los reunió para decirles lo que deben hacer y lo que no deben hacer. Reescribe los consejos, cambiando las palabras subrayadas por los pronombres de complemento directo e indirecto.

1. Antes de empezar, saluden <u>al equipo contrario</u>.

   _____

2. No pueden golpear <u>a los jugadores del otro equipo</u>.

   _____

3. No pueden decir <u>malas palabras</u>.

   _____

4. No pueden hacer <u>gestos desagradables</u>.

   _____

5. Deben gritar <u>los goles</u>.

   _____

6. Deben obedecer <u>al árbitro</u>.

   _____

7. No pueden gritar <u>al árbitro</u>.

   _____

8. Deben disfrutar <u>el juego</u>.

   _____

9. Deben respetar <u>a sus padres</u>.

   _____

Workbook

3 **Periodista deportivo enojado** Ángel Echevarría está realmente enojado. El nuevo comentarista deportivo es horrible. En lugar de hablar de las jugadas, sólo repite lo que él dice, con algunos cambios. Escribe las repeticiones del comentarista.

modelo

PERIODISTA El Santiago le está dando una paliza (*thrashing*) al San Martín.
COMENTARISTA El Santiago se la está dando.

1. **PERIODISTA** Álvarez le marcó un gol a García.

   COMENTARISTA _____

2. **PERIODISTA** Córdoba le sacó la victoria a Santa Rita.

   COMENTARISTA _____

3. **PERIODISTA** Gómez nos dio un verdadero susto (*fright*) hoy.

   COMENTARISTA _____

4. **PERIODISTA** Miguel Mirabal se está buscando una tarjeta roja.

   COMENTARISTA _____

5. **PERIODISTA** López le dio una patada muy fea a Miguel Mirabal.

   COMENTARISTA _____

4 **El goleador del torneo** Después del partido, Ángel Echevarría consiguió hacerle una entrevista a Javier Martona, el goleador del equipo. Completa la entrevista con el pronombre adecuado.

ÁNGEL 1) _____ digo que pareces muy contento.

JAVIER Sí, 2) _____ estoy. Esta victoria es muy importante para 3) _____.

ÁNGEL ¿A quién 4) _____ dedicas la Copa?

JAVIER A mi esposa, claro. Ella 5) _____ apoya siempre. 6) _____ ayuda en los momentos

malos y 7) _____ acompaña a todos los partidos.

ÁNGEL ¿Cuáles son tus proyectos ahora?

JAVIER 8) _____ gustaría descansar un poco. A mi esposa y a 9) _____ 10) _____ gustaría disfrutar

de unas vacaciones.

ÁNGEL ¿Y después?

JAVIER Después, la próxima Copa del Mundo.

2.3 Reflexive verbs

1 **Seleccionar** Completa las oraciones con el verbo adecuado usando el presente del indicativo.

1. Margarita, Guillermo y Marcos _____ (acordar – acordarse) no gritar más.

2. Margarita, Guillermo y Marcos _____ (acordar – acordarse) de los buenos tiempos pasados.

3. Carmen _____ (ir – irse) temprano de la fiesta.

4. Carmen _____ (ir – irse) a la fiesta muy mal vestida.

5. Martín y Silvia _____ (llevar – llevarse) muy bien.

6. Martín y Silvia _____ (llevar – llevarse) a los niños a un picnic.

7. Sebastián _____ (poner – ponerse) la camisa sobre la cama.

8. Sebastián _____ (poner – ponerse) la camisa roja.

9. Susana _____ (mudar – mudarse) el escritorio a una habitación más luminosa y grande.

10. Susana _____ (mudar – mudarse) a un apartamento nuevo.

11. Manuel _____ (reunir – reunirse) el material que necesita para terminar el proyecto.

12. Manuel _____ (reunir – reunirse) con Javier y Carolina para terminar el proyecto.

2 **Antes de la función** La famosa actriz de teatro Valeria Fuentes, le cuenta a un periodista de la revista *Gente estrella* todo lo que hace antes de subir al escenario. Completa los espacios en blanco con el verbo adecuado de la lista.

acostarse	maquillarse	quitarse
darse	mirarse	relajarse
lavarse	peinarse	secarse
levantarse	ponerse	vestirse

Me gusta estar en el teatro cuatro horas antes de la función. Cuando llego, 1) _____ el abrigo y 2) _____ crema en la cara. Luego apago las luces y 3) _____, para mí es importantísimo dormir la siesta. Una hora más tarde, 4) _____ y 5) _____ una ducha. Después hago ejercicios para 6) _____. A continuación 7) _____ el pelo, 8) _____ con un cepillo suave y 9) _____. Media hora antes de la función comienzo a 10) _____.

3 **Antes de ir a pasear** Felipe y su hermana Felisa quieren ir al zoológico y para no enojar a su madre, le dicen a todo que sí. Completa las preguntas y las respuestas con el verbo y el pronombre apropiados.

MADRE ¿1) _____ la cara? Es muy feo pasear con la cara sucia.

LOS NIÑOS Sí, mamá. 2) _____ la cara.

MADRE ¿3) _____? Sería muy feo salir despeinados.

LOS NIÑOS Sí, mamá. 4) _____.

MADRE ¿5) _____ los dientes? Es agradable mostrar dientes limpios.

LOS NIÑOS Sí, mamá. 6) _____ los dientes.

MADRE Felipe, ¿7) _____ el pantalón marrón? Es el más nuevo que tienes.

FELIPE Sí, mamá. 8) _____ el pantalón marrón.

MADRE Felisa, ¿9) _____ el maquillaje? No es apropiado para una niña pequeña.

FELISA Sí, mamá. 10) _____ el maquillaje.

MADRE Bien. Entonces ya podemos ir al zoológico.

4 **El secretario del señor Ramírez** El señor Ramírez es un director de espectáculos muy despistado. Está organizando un recital para reunir fondos para el hospital de niños. Su secretario le tiene una gran paciencia, y todas las mañanas le hace una larga lista de preguntas. Completa las preguntas del secretario con la preposición **de**, **en** o **a**.

1. ¿Se acordó _____ hablar con el conjunto Los maniáticos?

2. ¿Se dio cuenta _____ que las luces fallan?

3. ¿Se acordó _____ que el cantante de Moncho se atrevió _____ rechazar su propuesta?

4. ¿Se dio cuenta _____ que los cantantes se fijaron _____ la suciedad del escenario?

5. ¿Se enteró _____ que la cantante de Los ensalchichados está enferma?

6. ¿Se acordó _____ que el guitarrista de D&S se quejó _____ los malos sonidos de la sala?

7. ¿Se acordó _____ que el cantante de Tecnofilia es alérgico al terciopelo?

8. ¿Se enteró _____ que el conjunto Sal de mar se acercó _____ nuestras oficinas para participar en el recital?

9. ¿Se enteró _____ que el conjunto de anoche se sorprendió _____ la larga duración del espectáculo?

10. ¿Se acordó _____ que el cantante de Jimagua se convirtió _____ budista y abandonó el mundo de la música?

2.4 Gustar and similar verbs

1 **Pasear en Buenos Aires** Un periodista de la revista *Espectáculos* recorre las calles de la ciudad con su grabadora. Escribe las preguntas que le hizo a un grupo de turistas. Usa las palabras dadas.

1. gustar / los edificios ¿_____?
2. aburrir / la ciudad ¿_____?
3. caer bien / la gente ¿_____?
4. preocupar / la seguridad ¿_____?
5. disgusta / el tránsito ¿_____?
6. faltar / lugares de entretenimiento ¿_____?
7. molestar / el tiempo ¿_____?

2 **Las respuestas de los turistas** ¿Cuáles fueron las respuestas de los turistas a las preguntas del periodista? Completa las respuestas. Luego coloca el número de la pregunta adecuada del ejercicio 1 en el espacio en blanco a continuación.

1. Sí, _____ un poco. Es muy variable. Lo mejor es llevar siempre un paraguas. _____

2. Sí, _____. Tratamos de tener cuidado. _____

3. ¡_____ mucho! Manejar aquí es una locura. _____

4. Son hermosos. El Teatro Colón _____ especialmente. _____

5. ¡No! ¡Al contrario! Es grande, bella y divertida. No _____ ni un poquito. _____

6. _____ muy bien. Nos tratan maravillosamente en todos lados. La gente aquí es muy cálida. _____

7. En absoluto. Es lo que menos _____. Hay muchos lugares divertidos. _____

3 **Un compañero pesado** Margarita y su marido cumplen veinticinco años de casados. Viven a cien kilómetros de Buenos Aires y decidieron regalarse un fin de semana en la ciudad. Pero Margarita no tuvo un buen paseo. ¡Su marido es muy pesado! Completa los diálogos con el pronombre adecuado y un verbo de la lista.

aburrir	doler	gustar
caer mal	encantar	molestar

1. —¿Te gusta el desayuno?

   —¡Es horrible! No _____ las medialunas y el café es muy liviano.

2. —¿Te gusta la habitación?

   —¡En absoluto! Las camas son duras. Mañana _____ la cintura.

3. —¿Te gustó la película?

   —¡No! _____ terriblemente en el cine.

4. —¿Te gustó la comida?

   —¡Puajj! _____ el pescado. A ese restaurante no vamos a ir más.

5. —¿Te gustó el paseo?

   —¡No me hables! _____ los lugares con mucha gente.

4 **La indiscreta doña Pancha** A doña Pancha le encanta su apartamento nuevo porque puede saber todo sobre sus vecinos del edificio de enfrente. ¿Qué le cuenta doña Pancha a su amiga sobre sus vecinos? Escribe oraciones completas usando los verbos entre paréntesis.

Apto. 7
Dos niños están en el comedor con cara de desagrado. Desde la cocina llega un olor a pescado.

Apto. 8
Un niño de 10 años lee el periódico.

Apto. 9
Una pareja mayor está sentada en unos sillones. No se hablan.

Apto. 4
Tres mujeres charlan y toman el té.
El marido parece estar muy enojado.

Apto. 5
Una chica se mira en un espejo grande. Lleva un suéter demasiado grande.

Apto. 6
Una adolescente mira una película romántica en la tele.

Apto. 1
Una pareja joven mira un partido por televisión. Ella parece estar enojada.

Apto. 2
Un hombre joven lleva un pañuelo alrededor de la cara.

Apto. 3
Un niño mira dibujos animados en la televisión.

1. (aburrir) _____

2. (doler) _____

3. (encantar) _____

4. (molestar) _____

5. (quedar) _____

6. (fascinar) _____

7. (disgustar) _____

8. (gustar) _____

9. (faltar) _____

5 **¿Qué piensas de los deportes?** ¿Practicas algún deporte? ¿Por qué sí o por qué no? Escribe un párrafo breve para describir lo que más te gusta y menos te gusta de los deportes. Usa verbos como **aburrir, disgustar, encantar, fascinar, molestar,** etc.

_____

_____

_____

_____

_____

LECTURA

1 **Antes de leer** El texto que vas a leer es una entrevista publicada en la revista *Gente estrella*. Lee el encabezamiento (*heading*) y responde a las siguientes preguntas.

1. ¿Quién es el entrevistado? _____

2. ¿Cuál es su profesión? _____

3. ¿Por qué es entrevistado? _____

4. ¿De qué temas tratarán las preguntas? _____

2 **Lectura** Lee la entrevista.

Entrevista Víctor Fernán

Actor cordobés, radicado en Buenos Aires desde hace 14 años. Escribió el guión y actuó en la película *Jujuy*.

Gente estrella: ¿Qué cosas lo divierten?

Víctor Fernán: Lo que más me divierte es trabajar. No tengo una explicación para eso. Creo que es así porque me gusta lo que hago: actuar.

Ge: ¿Cuánto le llevó filmar *Jujuy*?

VF: Jujuy me llevó un mes de filmación real. Pero repartido a lo largo de cinco años. Cuando entraba dinero, grabábamos un poco, y cuando se terminaba el dinero, dejábamos de grabar. Así pasaron cinco años.

Ge: ¿No tuvo miedo de que la película perdiera actualidad?

VF: No, en absoluto. Lamentablemente va a tener actualidad por mucho tiempo. Lo que sí perdí fue la confianza. Pero el festival de cine me la devolvió.

Ge: ¿Cómo festejó el premio?

VF: En la calle. Pusimos cumbia en el coche, compramos cerveza y bailamos hasta la madrugada.

Ge: ¿Qué cine le fascina, cuál le aburre y cuál le molesta?

VF: Antes me gustaba el cine europeo y me aburrían las películas argentinas. Ahora me encantan las viejas películas argentinas y me aburren un poco las películas de acción norteamericanas. Ningún cine me molesta. El cine es mi pasión.

Ge: ¿Qué le falta a nuestro cine?

VF: Mirar más a su público y no tanto al público de afuera. Me preocupa que no tomemos nuestros temas, nuestra rica cultura, nuestra polémica historia.

Ge: ¿Le disgusta la televisión?

VF: Me disgusta actuar en televisión. Pero como telespectador, soy un adicto. Me encantan los deportes y soy un esclavo del zapping. Soy capaz de ver tres partidos de fútbol al mismo tiempo. Pero también me interesan el boxeo y el tenis.

Ge: ¿Le cae mal trabajar con actores no profesionales?

VF: Me cae mal trabajar con actores, directores o productores que no se apasionan con su trabajo, que no se lo toman en serio.

---

3 **¿Cierto o falso?** Indica si las siguientes frases son **ciertas** o **falsas**.

		Cierto	Falso
1.	Al actor Víctor Fernán le divierte actuar.	❏	❏
2.	La filmación de *Jujuy* le llevó cinco años reales.	❏	❏
3.	El festival de cine le devolvió a Fernán la confianza.	❏	❏
4.	El actor festejó el premio del festival en un club nocturno.	❏	❏
5.	Al actor le molestan las películas de acción norteamericanas.	❏	❏
6.	Al actor le gusta el cine, pero no le apasiona.	❏	❏
7.	A Víctor Fernán no le gusta actuar en televisión.	❏	❏
8.	A Víctor Fernán no le cae bien trabajar con actores profesionales.	❏	❏

4 **Después de leer** Contesta las preguntas a continuación con oraciones completas.

1. ¿Cuál es la actitud de Víctor Fernán con respecto a su trabajo?

_____

2. ¿Por qué tuvo que filmar *Jujuy* a lo largo de cinco años en vez de durante un mes?

_____

3. ¿Cómo sabemos que su film fue bien recibido por el público?

_____

4. ¿Qué necesita el cine argentino según Víctor Fernán?

_____

5. ¿Cuál es la actitud de Víctor Fernán con respecto a la televisión?

_____

5 **La pasión por el trabajo** Víctor Fernán siente pasión por su trabajo, y lo hace con mucho gusto. ¿Hay algún tipo de trabajo o actividad que te apasiona y que haces con mucho gusto? Escribe un breve párrafo para describir ese trabajo o esa actividad. Explica por qué te gusta tanto, cuándo lo haces, con quién lo haces y cómo te sientes cuando estás haciéndolo.

_____

_____

_____

_____

_____

_____

_____

COMPOSICIÓN

Imagina que tienes la oportunidad de entrevistar a tu actor o actriz preferido/a. También puede ser tu cantante o conjunto musical preferido. Lo que más deseas es preguntarle(s) sobre sus gustos y también sobre lo que no le(s) gusta de su profesión, de su trabajo, de sus compañeros. Antes de una entrevista, los entrevistadores preparan las preguntas que le van a hacer al entrevistado. Tú también debes preparar diez preguntas.

1 **Elección** Escribe el nombre de la(s) persona(s) elegida(s) y su profesión. Si se trata de un conjunto musical, escribe su nombre y qué clase de música hace.

_____

_____

2 **La curiosidad** Escribe una lista de temas sobre los que tienes curiosidad con respecto a la(s) persona(s) entrevistada(s). Por ejemplo:

1. el premio que ganó en ... _____
2. la letra de la canción ... _____
3. la discusión que tuvo con ... _____
4. la relación con sus compañeros del conjunto musical _____
5. la actuación en tal lugar _____
6. la relación con su manager _____
7. la relación con su público _____

3 **Las preguntas** Escribe las diez preguntas. Utiliza algunos de los siguientes verbos: **gustar, caer bien/mal, disgustar, doler, encantar, faltar, fascinar, importar, interesar, molestar, preocupar.**

1. _____
2. _____
3. _____
4. _____
5. _____
6. _____
7. _____
8. _____
9. _____
10. _____

CONTEXTOS

Lección 3

La vida diaria

1 **Un hombre aburrido** La vida de Andrés es muy aburrida. Todos los días hace lo mismo. Lee la descripción de un día en la vida de Andrés. Escribe los números para ordenar la secuencia y luego escribe seis oraciones que describen ese día. En las oraciones usa las palabras y expresiones de la lista.

_____ a. Andrés corre alrededor de su barrio.

_____ b. Andrés elige una corbata.

_____ c. Andrés y su novia miran televisión.

_____ d. Andrés le abre la puerta a su novia.

_____ e. A las 11 p.m., Andrés lee en la cama y sonríe.

_____ f. A las 6 p.m., Andrés está nuevamente en su casa, barriendo.

_____ g. Andrés y su novia cenan en silencio.

_____ h. Andrés maneja su carro al trabajo.

_____ i. Andrés desayuna y lee el periódico.

_____ j. Andrés está en su oficina.

_____ k. Andrés se despierta.

_____ l. Andrés almuerza.

auténtico	costumbre	quehaceres	soportar
centro comercial	hacer ejercicio	soledad	tocar el timbre
costoso	hogar	sonrisa	vestidor

_____

_____

_____

_____

_____

_____

_____

2 **Contesta** Contesta las preguntas con oraciones completas.

1. ¿Cómo es Andrés?

_____

2. ¿Eres tú como él? ¿Por qué sí o por qué no?

_____

3. ¿Cómo es un día en la vida de su novia?

_____

Workbook

3 **Los quehaceres** Mariana y Julio llevan muchos años de casados. Los dos trabajan todo el día, así que se reparten las tareas de la casa. Escribe oraciones con las cosas que hace Mariana y con las que hace Julio.

Mariana:

1. pagar / impuestos

_____

2. barrer / escalera

_____

3. llevar / hijos / escuela

_____

4. ir / supermercado

_____

5. hacer / camas

_____

Julio:

6. arreglar / electrodomésticos

_____

7. cocinar

_____

8. pasar / aspiradora

_____

9. ayudar / hijos / tareas de la escuela

_____

10. hacer / compras

_____

4 **Publicidad** Lee la siguiente publicidad de los electrodomésticos Nuevo estilo y luego contesta las preguntas.

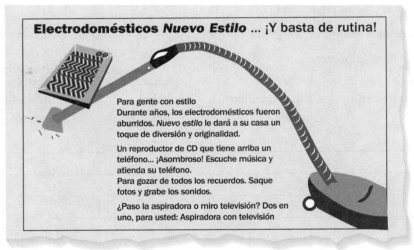

Electrodomésticos *Nuevo Estilo* ... ¡Y basta de rutina!

Para gente con estilo
Durante años, los electrodomésticos fueron aburridos. *Nuevo estilo* le dará a su casa un toque de diversión y originalidad.

Un reproductor de CD que tiene arriba un teléfono... ¡Asombroso! Escuche música y atienda su teléfono.
Para gozar de todos los recuerdos. Saque fotos y grabe los sonidos.

¿Paso la aspiradora o miro televisión? Dos en uno, para usted: Aspiradora con televisión

1. Elige dos electrodomésticos *Nuevo estilo*. Imagina que tú eres el vendedor y debes convencer a un cliente de que los compre. Escribe dos razones que puedes decirle a un comprador.

electrodomésticos   _____   _____

razones para comprarlo   a _____   a _____

     b _____   b _____

2. Inventa un nuevo producto para los electrodomésticos *Nuevo estilo*. Primero decide qué dos electrodomésticos puedes unir. Después escribe una oración para agregar ese nuevo producto a la publicidad.

_____

_____

ESTRUCTURA

Lección 3

3.1 The preterite tense

1 **¿Qué hicieron el fin de semana?** Brenda, Mariana y Andrés trabajan juntos. Los lunes se cuentan lo que hicieron el fin de semana. Escribe lo que hizo cada uno usando las expresiones dadas.

Brenda ...

1. visitar / amigos _____
2. llevar / postales / buzón _____
3. poner / orden / habitación de su hija _____

Mariana ...

4. gozar / soledad / hogar _____
5. dormir / siesta _____
6. escuchar / música antigua _____

Andrés ...

7. vender / viejos sillones _____
8. ir / campo _____
9. conducir / moto / durante horas _____

2 **Brenda pone orden** Brenda está cansada. Sus hijos (Camila y Marcos) y su marido (Marcelo) la ayudan muy poco con los quehaceres. Hoy cuando llegó a su casa, les preguntó si habían hecho algunas cosas. Escribe las preguntas de Brenda, usando los verbos entre paréntesis.

1. Niños, ¿_____ (dormir) hasta tarde?

2. Marcelo, ¿por casualidad _____ (poder) arreglar el foco?

3. Marcos, ¿_____ (hacer) las tareas de la escuela?

4. Camila, ¿_____ (poner) orden a tus juguetes? ¡Eso sería asombroso!

5. Marcelo, ¿_____ (buscar) el pedido del supermercado?

6. Niños, ¿_____ (tener) tiempo para bañarse?

3 **¿Ser o ir?** Indica si en cada oración se está usando el pasado de **ser** o de **ir**.

Ser   Ir

— — 1. Ayer hizo mucho calor. Fui a la piscina.

— — 2. La semana pasada murió Mario González. Fue un pintor asombroso.

— — 3. Mi infancia no fue feliz. Fui una niña muy solitaria.

— — 4. Esta semana fui todas las noches a cenar al mismo restaurante.

— — 5. El cumpleaños de Fabio fue muy aburrido.

Workbook

4   **¿Qué le pasó a Brenda?**   Ayer, a Brenda le pasaron tres cosas. Las oraciones a continuación describen las tres historias, pero no están en orden. Ordena los números de las oraciones para cada historia para leer las tres cosas que le sucedieron a Brenda.

1. Cuando terminé, se cortó la luz.

2. Quiso tomar un helado. Ella se sentó en una mesa y yo fui a comprarlo.

3. En el camino, un ladrón me quitó la cartera.

4. Corrí detrás de él por tres cuadras, pero no pude alcanzarlo. Dos policías me vieron y corrieron detrás de él.

5. Traduje siete páginas de una novela.

6. Fui al centro comercial con mi hija de cinco años para comprarle un par de zapatos.

7. Regresé de la oficina a las cinco de la tarde. Era un día muy lindo, por eso preferí caminar.

8. Cuando regresé, Camila no estaba. ¡Se perdió!

9. Ayer, durante la mañana, tuve mucho trabajo.

Historia 1: Primero _____ Después _____ Finalmente _____

Historia 2: Primero _____ Después _____ Finalmente _____

Historia 3: Primero _____ Después _____ Finalmente _____

5   **Historias que se cuentan**   Brenda le contó a su amiga María todo lo que le pasó. María se lo contó a su esposo. Escribe lo que le pasó a Brenda usando la tercera persona e inventa una oración más, contando el final de cada historia. Usa el verbo entre paréntesis.

Historia 1

_____

_____

_____

(pedir) _____

Historia 2

_____

_____

(repetir) _____

Historia 3

_____

_____

(morir) _____

3.2 The imperfect tense

1 **Tomás sorprendido** Tomás es puertorriqueño. Acaba de llegar a México de vacaciones y fue a un centro comercial. Luego llama a su familia por teléfono y le cuenta todo lo que vio. Completa las oraciones como si tú fueras Tomás, usando los verbos entre paréntesis en imperfecto.

1. Vi mucha gente que _____ (caminar) mirando vidrieras (*store windows*).

2. Las personas no se _____ (saludar).

3. _____ (haber) muchísimos negocios.

4. Yo no _____ (querer) comprar nada, pero al final traje unos cuantos regalos.

5. Las luces _____ (ser) muy fuertes, todo _____ (estar) muy luminoso.

6. Yo _____ (ver) carteles de todo tipo, pero no siempre _____ (entender).

7. Los vendedores _____ (ser) muy amables.

8. Al final de mi visita al centro comercial me _____ (sentir) cansado.

2 **Más sorpresas** Dos días después de su llegada a México, Tomás llamó nuevamente a su familia. Completa la primera oración como el modelo. Luego escribe dos oraciones más como si tú fueras Tomás.

> **modelo**
> Yo pensaba que en México hacía siempre calor. Pero hay días en que hace frío.

1. Yo creía que _____. Pero muchos mexicanos hablan inglés.

2. A mí me parecía que _____. Pero la gente es muy amable.

3. Antes creía que _____. Pero hay muchos autobuses.

4. Antes pensaba que _____. Pero ahora adoro la comida mexicana.

5. Me parecía que _____. Pero es un país muy interesante.

6. _____

7. _____

3 **Tus impresiones** ¿Has tenido experiencias como la de Tomás? ¿Descubriste que algo o alguien era diferente de lo que pensabas? Escribe siete oraciones para describir esas experiencias.

_____
_____
_____
_____
_____
_____
_____

Workbook

4 La vida de Margarita Margarita comenzó a ir a un psicólogo. En esta sesión le habla de su infancia. Completa las oraciones con los verbos conjugados.

Cuando era niña 1) _____ (vivir) con mis padres y mis hermanos. Yo 2) _____ (ser) la mayor. Mi primera hermana, Julieta, nació cuando yo 3) _____ (tener) dos años. Mi madre murió cuando yo 4) _____ (tener) doce años, así que cuidé a mis hermanitos menores. Todas las mañanas los 5) _____ (despertar) y les 6) _____ (hacer) el desayuno. Después 7) _____ (ir) a la escuela. Cuando 8) _____ (volver) de la escuela, 9) _____ (hacer) las tareas del hogar. No 10) _____ (poder) seguir estudiando en la universidad, pero no me 11) _____ (importar), porque 12) _____ (estar) feliz de cuidar a mis hermanos. Luego murió mi padre. Yo me casé muy joven: a los veinte años. Mi marido y yo 13) _____ (ser) los padres de mis hermanos. Cuando mi hermano menor se fue a vivir solo decidimos que 14) _____ (querer) tener nuestros hijos. Pero no pudimos.

5 De niños Estas personas son profesionales. Desde niños mostraron cuál sería su profesión. Usa los verbos entre paréntesis para completar las oraciones contando lo que hacían en su infancia. Sigue el modelo.

modelo
Héctor es arquitecto. De niño construía casas con cartones.

1. Marcela es maestra. De niña _____ (enseñar)
2. Gustavo es filósofo. De niño _____ (preguntar)
3. Daniel es contador. De niño _____ (jugar)
4. Micaela es música. De niña _____ (cantar)
5. Camila es bailarina. De niña _____ (bailar)
6. Isabel y Teresa son escritoras. De niñas _____ (leer)
7. Pablo y Jorge son corredores de autos. De niños _____ (mirar)

6 Tu infancia Contesta las preguntas sobre tu infancia, usando oraciones completas.

1. ¿Con quién vivías cuando eras niño/a?
_____
2. ¿Cuántos hermanos tenías?
_____
3. ¿Qué juegos preferías?
_____
4. ¿Qué libros te gustaba leer?
_____
5. ¿Qué programas veías en la televisión?
_____
6. ¿Cómo eras?
_____

Workbook

3.3 The preterite and the imperfect

1 **Ansiosa e insegura** Mariela se casó hace dos meses, pero ya cree que tiene problemas en su matrimonio. Le cuenta a su vecina algunas "cosas raras" que notó la semana pasada en su marido. Completa sus oraciones con la forma apropiada del verbo entre paréntesis.

1. (abrir)

   Durante las primeras semanas, me _____ siempre la puerta del auto. El martes la _____ yo.

2. (despertar)

   En la luna de miel, me _____ con un beso todas las mañanas. Ayer no me _____ antes de irse.

3. (traer)

   Todos los días me _____ una flor. El jueves no me _____ ninguna.

4. (decir)

   Antes me _____ "Hola, dulcecito". Ayer me _____ "Hola".

5. (leer)

   Los domingos me _____ el horóscopo durante el desayuno. Este domingo no me lo _____.

6. (encender)

   Antes de ir al trabajo, _____ el fuego de la chimenea. El miércoles lo _____ yo.

7. (barrer)

   Todos los sábados _____ el balcón. Este sábado no lo _____.

8. (colgar)

   Al llegar a casa, Manuel _____ siempre su abrigo en el perchero. El jueves lo _____ yo.

2 **Razones** Manuel, el esposo de Mariela, sigue muy enamorado de ella. La vecina lo sabe. Por eso le dice a Mariela que está equivocada y le explica por qué. Para cada número del ejercicio 1, escribe la razón que da la vecina para explicar por qué Manuel no hizo esta semana lo que siempre hace.

1. _____

2. _____

3. _____

4. _____

5. _____

6. _____

7. _____

8. _____

3   **Todo en orden** Don Miguel está enfermo. Después de pasar tres días en cama, decidió pasar un rato por la oficina de *Facetas*. No sabía que le esperaría una sorpresa. Completa los espacios en blanco con los verbos dados.

Después de pasar tres días en cama, don Miguel 1) _____ (levantarse) para ir un rato a la oficina de *Facetas*. 2) _____ (querer) limpiar un poquito y prepararles café a los muchachos. Pero cuando 3) _____ (llegar), 4) _____ (encontrarse) con una sorpresa.

Mariela 5) _____ (pasar) la aspiradora por las alfombras. Johnny le 6) _____ (quitar) el polvo a los escritorios con un plumero. Éric 7) _____ (limpiar) los ceniceros. Diana 8) _____ (servir) el café. Fabiola 9) _____ (hacer) la limpieza del baño. Y Aguayo 10) _____ (ocuparse) de su oficina. Todos 11) _____ (sorprenderse) cuando 12) _____ (ver) a don Miguel. Rápidamente lo 13) _____ (enviar) de nuevo a la cama. En la oficina, todo 14) _____ (estar) en orden.

4   **Excusas y más excusas** Marina se está cansando de su marido. No trabaja y tampoco la ayuda con la casa. Además, miente. Siempre está dando excusas. ¡Y son excusas muy ridículas! Responde a las preguntas con oraciones completas. Utiliza las palabras dadas.

> **modelo**
>
> **MARINA**   estar/cerrado ¿Por qué no fuiste al supermercado?
> **ANTONIO** No fui al supermercado porque estaba cerrado.

1. **MARINA** ¿Por qué no lavaste los platos de anoche?
   ANTONIO _____ porque _____ (no / encontrar / detergente).

2. **MARINA** ¿Por qué no pediste turno para el médico?
   ANTONIO _____ porque _____ (teléfono / estar descompuesto).

3. **MARINA** ¿Por qué no llevaste a Felipito a la escuela?
   ANTONIO _____ porque _____ (niño / estar jugando).

4. **MARINA** ¿Por qué no sacaste la basura?
   ANTONIO _____ porque _____ (ascensor / no / funcionar).

5. **MARINA** ¿Por qué no barriste?
   ANTONIO _____ porque _____ (no / encontrar / escoba).

5   **Quehaceres cotidianos** Durante mucho tiempo, don Miguel realizaba diariamente las mismas tareas y en el mismo orden en la oficina de *Facetas*. Completa el párrafo con las palabras de la lista.

antes	entonces	mientras
después	luego	primero

Don Miguel se levantaba todos los días a las seis de la mañana. 1) _____ de salir de su casa, tomaba un desayuno bien completo: café con leche, tostadas, queso y frutas. Cuando llegaba a *Facetas*, 2) _____ hacía la limpieza de todas las oficinas: barría, quitaba el polvo de los muebles y sacaba la basura. 3) _____ de limpiar iba a comprar café, té, azúcar y leche. 4) _____ de las compras, ponía a hervir agua y preparaba la cafetera y la tetera. 5) _____ el agua hervía, don Miguel pasaba la aspiradora por las alfombras. 6) _____ preparaba el café y el té. Cuando el equipo de *Facetas* llegaba, don Miguel servía el desayuno.

3.4 Adverbs

1 **Adverbios** Escribe adverbios a partir de los adjetivos en la lista a continuación.

1. básico _____

2. feliz _____

3. fácil _____

4. inteligente _____

5. honesto _____

6. común _____

7. asombroso _____

8. inmediato _____

9. silencioso _____

10. insistente _____

11. enorme _____

12. alegre _____

2 **Reemplazar** Reemplaza las expresiones subrayadas por adverbios terminados en **–mente**.

1. Se arregló <u>con cuidado</u> frente al espejo.

_____

2. Hizo la limpieza <u>con tranquilidad</u>.

_____

3. Preparó el café <u>con rapidez</u>.

_____

4. Resolvió el problema <u>con habilidad</u>.

_____

5. Bosteza <u>con frecuencia</u>.

_____

6. El pescado se descongeló (*defrosted*) <u>con lentitud</u>.

_____

7. Lo saludó <u>con cordialidad</u>.

_____

8. Se despidieron <u>con tristeza</u>.

_____

Workbook

3 **Recomendaciones precisas** Los padres de Mario y Paola salieron de viaje por dos semanas. Lee las recomendaciones que les dejaron a los chicos pegadas en el refrigerador. Completa los espacios en blanco con un adverbio de la lista. Atención: hay dos adverbios que no deberás usar.

a menudo	de vez en cuando
a propósito	diariamente
a tiempo	frecuentemente
a veces	lentamente
de costumbre	semanalmente

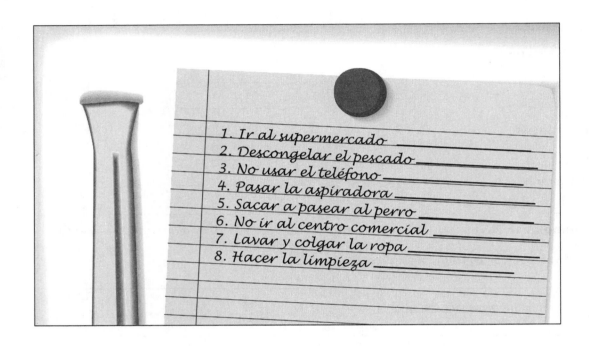

1. Ir al supermercado _____
2. Descongelar el pescado _____
3. No usar el teléfono _____
4. Pasar la aspiradora _____
5. Sacar a pasear al perro _____
6. No ir al centro comercial _____
7. Lavar y colgar la ropa _____
8. Hacer la limpieza _____

4 **Tu manera de hacer las cosas** Describe cómo haces tú las actividades diarias. Escribe ocho oraciones usando en cada una dos adverbios, el segundo con –**mente**. Sigue el modelo.

> **modelo**
> Hago la limpieza rápida y frecuentemente.

1. _____
2. _____
3. _____
4. _____
5. _____
6. _____
7. _____
8. _____

LECTURA

1 **Antes de leer** En la fotonovela Diana dice: "Hay tres grupos que gastan el dinero ajeno, Fabiola: los políticos, los ladrones y los hijos… Los tres necesitan supervisión". Piensa en las siguientes preguntas:

1. ¿Crees que los hijos necesitan supervisión? ¿Qué tipo de supervisión?
2. ¿Se trata de la misma supervisión en todas las edades?
3. ¿Qué supervisión crees que necesita un adolescente cuando compra ropa?

2 **Lectura** El texto que vas a leer ahora es el relato de una experiencia, publicado por la revista *Ser padres hoy y siempre*.

1. De acuerdo con el título, ¿de qué crees que trata la historia?
2. ¿Quién es la autora del texto?
3. Lee la historia completa.

Ir de compras con un adolescente *Por Ana Jiménez*

Si tiene problemas para dormir, puedo darle un buen consejo: ¡No lleve de compras a un adolescente! Ayer tuve esta terrible experiencia: llevé de compras a Julián, mi hijo de 13 años. Él quería comprarse un pantalón, un simple pantalón.

Primero conduje el auto una hora y media para ir a *La ganga*, porque el centro comercial que está cerca de casa es demasiado caro. En *La ganga*, Julián estuvo casi dos horas en el vestidor. Se probó un pantalón amarillo. Pero estaba roto. Se puso un pantalón morado, pero era corto. Se puso un pantalón verde, pero tenía una mancha. Eligió un pantalón marrón, pero le quedaba grande. Encontró un pantalón azul. Ése le quedaba bien. Pero … ¡por supuesto!, ninguna de sus camisetas combinaba con el nuevo pantalón. Así que ahora necesitaba comprar una camiseta para combinar con el pantalón azul.

Luego estuvo otra hora más en el vestidor para probarse camisetas: blanca, marrón, negra, roja… Ninguna le gustaba. Todo el tiempo repetía: "No me gusta", "No me gusta", "No me gusta"…

Entones conduje otra hora y media para ir al centro comercial. En cada lugar se repitió la misma historia: "No me gusta", "No me gusta".

Finalmente, después de dos horas, consiguió una camiseta para combinar con el pantalón azul. Pero no la compró en *La ganga*. La consiguió en *Alta moda*. ¡Y me costó muy cara! Además gasté mucho dinero en el pantalón, la gasolina de ida y vuelta a *La ganga* y dos almuerzos.

Moraleja: Si su hijo adolescente le pide un pantalón, déle el dinero en efectivo (lo que usted quiera gastar en un pantalón) y que él se ocupe de conseguirlo.

Workbook

3   **Después de leer** Responde a las siguientes preguntas. Escribe oraciones completas.

1. El texto comienza con un consejo. ¿Cuál es?

   _____

2. ¿Por qué comienza el texto con ese consejo?

   _____

3. ¿Por qué llevó la madre a su hijo a *La ganga*?

   _____

4. ¿Qué problemas tenían los pantalones que se probó Julián?

   _____

5. Julián compró un pantalón azul. Pero, ¿qué nuevo problema tenía este pantalón?

   _____

6. Por qué no compró Julián ninguna camiseta en *La ganga*?

   _____

7. ¿Cuánto tiempo estuvieron madre e hijo en *La ganga*?

   _____

8. ¿Dónde consiguió finalmente una camiseta y cuánto le costó?

   _____

9. ¿Por qué llevar de compras a un hijo adolescente es para la autora una experiencia terrible?

   _____

COMPOSICIÓN

A partir del texto leído "Ir de compras con un adolescente", escribe una carta relacionada con el tema a la revista.

1 **Elegir el tema** Para escribir la carta, elige una de las siguientes situaciones.

1. Tú estás de acuerdo con el consejo que da la autora, porque conoces una historia parecida. Escribe la carta. Di que estás de acuerdo con Ana Jiménez y luego relata la historia.
2. Tú no estás de acuerdo con el consejo que da la autora, ni con su opinión sobre los adolescentes, porque conoces a muchos adolescentes que no se portan así. Escribe la carta. Di que no estás de acuerdo con Ana Jiménez y relata la historia de un adolescente que conoces.

2 **Escribir la carta** Recuerda incluir un encabezamiento de la carta y una introducción explicando por qué escribes la carta. Relata la historia que conoces y firma la carta.

_____

_____

_____

_____

_____

_____

_____

_____

_____

_____

_____

_____

_____

_____

_____

_____

_____

_____

_____

_____

CONTEXTOS

Lección 4

Los viajes

1 **El aeropuerto internacional** Lee las descripciones con mucha atención. Luego ordena las palabras dadas abajo para formar oraciones e indica con un número quiénes las dicen.

1. Un hombre con una maleta está tratando de comprar un pasaje, pero no hay más.
2. Una pareja con maletas está en la puerta de embarque. El hombre le habla a la empleada.
3. Una mujer en una ventanilla de embarque tiene un montón de equipaje. Detrás de ella llegan corriendo su madre y un chico, también cargados con bolsos y maletas. La mujer está agitada porque llegó muy tarde y le explica al empleado el motivo de su retraso.
4. En un grupo formado por tres jóvenes, el chico está agarrando el pasaporte de una de las chicas porque quiere ver la foto.
5. Una adolescente con una mochila está acompañada por sus padres. La madre le está dando recomendaciones a su hija.
6. Dos azafatas se reúnen con un piloto en la entrada de la zona de embarque.
7. Una empleada de la oficina de informes está hablando por un micrófono.

a. ❏ ¿dejas pasaporte Me tu ver de foto la? _____

b. ❏ dos reservados Tengo pasajes para Madrid _____

c. ❏ ¡quites seguridad No el te cinturón de! _____

d. ❏ siento señor Lo está vuelo El completo _____

e. ❏ vuelo Londres destino retrasado a El con está _____

f. ❏ tarde porque accidente hubo Llegamos un tránsito de _____

2 **Una recomendación y mil preguntas** "¡No te quites el cinturón de seguridad!" le dijo la mamá a Julieta. Pero también le hizo muchas preguntas. Lee las respuestas de la adolescente y escribe las preguntas de la madre. Usa las palabras dadas entre paréntesis.

MADRE 1) ¿_____? (quedarse)

JULIETA ¿En la casa de los tíos? Creo que un mes.

MADRE 2) ¿_____? (marchar)

JULIETA Creo que voy a Madrid a fines de julio.

MADRE 3) ¿_____? (alojarse)

JULIETA No lo sé, mamá. Madrid es muy grande.

MADRE 4) ¿_____? (visitar)

JULIETA Quizás el Museo del Prado.

MADRE 5) ¿_____? (regresar)

JULIETA Antes de que empiecen las clases.

MADRE 6) ¿_____? (extrañar)

JULIETA ¡Claro que sí!

3 **La intrusa** Una de las expresiones no pertenece al grupo. Elige la expresión que no va.

1. el choque el congestionamiento el tránsito la despedida

2. el auxiliar de a bordo el mesero el piloto el agente de aduanas

3. el horario el crucero el buceo la isla

4. la llegada la salida el destino el aviso

5. el piloto el camarero el servicio de habitación el mesero

6. el alojamiento el choque el hotel la habitación

7. la cueva la isla el manantial el buceo

4 **Tu último viaje** ¿Qué hiciste la última vez que saliste de viaje? ¿Adónde viajaste? ¿Tuviste problemas o inconvenientes? ¿Qué te gustó más? Describe la experiencia con muchos detalles. Utiliza por lo menos ocho de las expresiones de la lista.

a bordo	horario	recorrer
alojarse	llegada	reservar
aviso	medidas de seguridad	retrasar
embarcar	piloto	vuelta

_____
_____
_____
_____
_____
_____
_____
_____
_____
_____
_____
_____

ESTRUCTURA

4.1 Past participles and the present and past perfect tenses

1 **¿De qué están hablando?** ¿Te acuerdas del piloto y las azafatas del ejercicio 1 de **Contextos**? Completa el diálogo entre ellos con las formas adecuadas del participio pasado.

PILOTO ¿Qué hacen aquí chicas? Deberían estar volando.

AZAFATA 1 El vuelo está 1) _____ (retrasar).

PILOTO ¿Por qué?

AZAFATA 2 El tránsito aéreo está muy 2) _____ (congestionar).

PILOTO ¿Qué pasó? ¿Han 3) _____ (agregar) vuelos?

AZAFATA 1 No. Anoche hubo tormentas en diferentes lugares del país. Todos los vuelos fueron

4) _____ (cancelar) y muchos aeropuertos estuvieron

5) _____ (cerrar).

PILOTO Y hoy se juntaron todas las salidas y todas las llegadas.

AZAFATA 2 ¡Exactamente!

2 **Diálogo 2** A un empleado de la aerolínea no le va nada bien con un pasajero. Completa el diálogo entre el pasajero y el empleado con los participios correspondientes a los verbos de la lista. Hay un verbo que no tienes que usar.

cerrar	prohibir
confirmar	regresar
decir	reservar
estar	vender

EMPLEADO Le repito señor que el vuelo a la ciudad de México está 1) _____.

PASAJERO Y yo le he 2) _____ que debo viajar hoy mismo. Además he

3) _____ el pasaje hace cinco semanas.

EMPLEADO Pero usted no ha 4) _____ el viaje.

PASAJERO He 5) _____ fuera del país. No pude confirmarlo.

EMPLEADO Señor, hay teléfonos fuera del país. Además todos los asientos fueron

6) _____. No puedo hacer nada por usted.

PASAJERO ¿No puedo viajar parado?

EMPLEADO ¡No, señor! Está 7) _____.

PASAJERO Esta compañía tiene un servicio horrible. ¡Quiero el libro de quejas!

3 **Otro diálogo en el aeropuerto** En el ejercicio 1 de **Contextos**, la señora que llegó tarde al aeropuerto internacional le cuenta al empleado cómo fue el accidente que la retrasó. Completa el diálogo con el tiempo adecuado del verbo (presente perfecto o pasado perfecto).

EMPLEADO   No se preocupe señora. El vuelo aún no 1) _____ (salir). Está retrasado.

2) _____ (ver) el accidente por televisión. ¿Usted estuvo allí?

SEÑORA   ¡Claro! Mi familia y yo viajábamos en uno de los autos accidentados.

EMPLEADO   3) _____ (oír) que muchas personas 4) _____ (morir).

SEÑORA   ¡Eso no es verdad! Muchas personas están heridas. Pero no hubo muertos.

EMPLEADO   ¿Qué pasó?

SEÑORA   La barrera del tren 5) _____ (romperse) una semana antes, pero la empresa no se ocupó de arreglarla. Y esta madrugada, cuando llegamos a la estación, el guardia 6) _____ (quedarse) dormido.

EMPLEADO   ¿Y ustedes están bien?

SEÑORA   Nunca antes 7) _____ (tener) tanto miedo. Pero ahora estamos bien. ¡Muchas gracias!

4 **Carta de Julieta a sus padres** Julieta ha llegado a la casa de sus tíos hace cinco días. Sus padres ya han llamado cuatro veces, pero no la encontraron. Ella no quisiera gastar su dinero en llamadas telefónicas. Por eso, hoy les escribe una carta. Completa la carta con los verbos de la lista en el tiempo adecuado (presente perfecto o pasado perfecto). Hay un verbo que no tienes que usar.

comer	estar	preguntar
conocer	hacer	ver
decir	llamar	volver

Queridos mamá y papá:

Sé que 1) _____ muchas veces por mí. Quiero decirles que estoy muy bien y muy contenta. Barcelona es maravillosa. Hoy llegué más temprano a la casa de los tíos, pero ustedes ya 2) _____. Estuve paseando por el barrio gótico. Ya 3) _____ allí dos veces, pero 4) _____ porque me encanta. Ayer los tíos me llevaron a comer a las Ramblas. Allí me encontré con un chico que 5) _____ el día anterior en un museo. Mañana iremos juntos a Gerona. 6) _____ platos típicos. Me 7) _____ que no deje de probar los mariscos de la zona. Y así lo 8) _____. ¡Ahora no puedo dejar de comer mariscos! Les escribiré pronto. Les mando un abrazo.

Julieta

4.2 Por and para

1 **El viaje de Julieta** Une las frases de la primera columna con las frases de la segunda columna para formar los comentarios de Julieta sobre su viaje por España.

1. Viajaré a Andalucía   a. para Madrid.

2. Tres meses en España es muy poco tiempo   b. para mí.

3. El chico que conocí trabaja   c. para la cámara.

4. El próximo fin de semana saldré   d. para conocer las construcciones musulmanas.

5. Compré otro rollo de fotos   e. para una compañía de aerolíneas.

2 **Más comentarios de Julieta** Completa las oraciones con las expresiones de la lista. Hay una expresión que no debes usar.

por la casa de los tíos   por teléfono
por mí   por toda la ciudad
por sólo 60 pesos   por un año

1. No llamaré a mis padres _____.

2. Puedo realizar una excursión a los Pirineos _____.

3. Cuando vuelva de los Pirineos pasaré _____.

4. En Barcelona hay museos _____.

5. Mañana, el chico que conocí pasará _____.

3 **Completar** Completa para formar oraciones.

1. Hice una llamada por _____.

2. Hice una llamada para _____.

3. Viajé a Madrid por _____.

4. Viajé a Madrid para _____.

5. Puedes comprar esta maleta por _____.

6. Puedes comprar esta maleta para _____.

4 **Hotel Central** En Madrid, Julieta se alojó en el Hotel Central. Mientras espera que le den una habitación, ella escucha el diálogo del recepcionista del hotel con otro cliente que acaba de llegar. Completa el diálogo con **por** y **para**.

RECEPCIONISTA ¿Qué puedo hacer 1) _____ usted?

CLIENTE Quisiera reservar una habitación.

RECEPCIONISTA ¿2) _____ cuándo la necesita?

CLIENTE 3) _____ el 2 de agosto.

RECEPCIONISTA ¿4) _____ cuántas personas es la habitación?

CLIENTE 5) _____ dos.

RECEPCIONISTA ¿6) _____ cuánto tiempo?

CLIENTE 7) _____ una semana completa.

RECEPCIONISTA Muy bien. ¿8) _____ quién es la reservación?

CLIENTE 9) _____ el señor Jiménez y su esposa.

---

5 **Julieta recibe una carta de sus padres** Una semana después de haber llegado a Madrid, Julieta recibió una carta de sus padres. No están muy contentos con su viaje. Creen que ella es demasiado joven para hacer un viaje tan lejos de su casa y sola. Lee la carta de los padres de Julieta y complétala con las expresiones de la lista. Hay dos expresiones que no debes usar.

no estamos para bromas	por aquí	por mucho
para colmo	por casualidad	por primera vez
para que sepas	por eso	por si acaso
por allí	por más que	por supuesto

Querida Julieta:

1) _____ está todo bien y esperamos que 2) _____ también lo esté. 3) _____ lo pensemos y lo conversemos, tu padre y yo no estamos contentos con tu viaje. 4) _____ en nuestras vidas estamos muy preocupados porque creemos que eres muy joven para hacer semejante viaje sola. 5) _____, ahora aparece ese muchachito en Madrid. ¿Acaso ese joven no vive en Barcelona? ¿Qué hace ahora en Madrid? 6) _____ que confiamos en ti. Pero, 7) _____, queremos que estés atenta. 8) _____, tu prima Merceditas salía con un chico muy bueno y muy simpático, pero que resultó ser un ladrón muy buscado por la policía. 9) _____, Julietita querida, te pedimos que tengas mucho cuidado. ¡No seas tan confiada! Un beso de papá y mamá que te quieren mucho.

P.d. ¡Por favor! No se te ocurra alargar el viaje. 10) _____ tan pesadas.

4.3 Comparatives and superlatives

1 **Los meseros del Hotel Central** Juan, Martín, Antonio, Miguel y Pedro son los meseros del restaurante del Hotel Central. Lee el texto y averigua quién es quién. Escribe el nombre del mesero debajo de cada descripción.

En el restaurante del Hotel Central tengo cuatro compañeros: Juan, Antonio, Martín y Pedro. Juan tiene treinta años y es más bajo que Pedro y tan flaco como Antonio. Antonio es quince años mayor que Juan, pero es cinco años menor que Martín. Martín pesa tanto como Antonio, pero mide veinte centímetros menos. Pedro tiene veinticinco años menos que Antonio y pesa tanto como Juan. Antonio es tan alto como Juan y yo soy tan alto como Martín, pero la ropa de Martín me queda chica. Yo tengo la misma edad que Antonio.

1. El mesero de veinte años es el más alto del grupo y el más flaco del grupo.
   Nombre: _____

2. El mesero de unos cuarenta y cinco años es el más gordo del grupo y bajísimo.
   Nombre: _____

3. El mesero de cincuenta años tiene la misma altura que el anterior y es un poco más flaco.
   Nombre: _____

4. El mesero de treinta años, es más bajo que el primero, pero más alto que el segundo y el tercero. Y es más gordo que el primero, pero más flaco que el tercero.
   Nombre: _____

5. El mesero de cuarenta y cinco años es tan alto y tan gordo (o tan flaco) como el anterior.
   Nombre: _____

2 **Más información sobre los meseros del Hotel Central** Responde a las siguientes preguntas sobre los meseros del Hotel Central. Usa oraciones completas.

1. ¿Cuántos años tiene Antonio?
   _____

2. ¿Quién tiene tantos años como Antonio?
   _____

3. ¿Quién es el más joven del grupo? ¿Y el mayor del grupo?
   _____

4. ¿Quién es flaquísimo?
   _____

5. ¿Quién es el más gordo del grupo?
   _____

6. ¿Quiénes son más gordos que Pedro?
   _____

7. ¿Quién es el más alto del grupo?
   _____

8. ¿Quién es el más bajo del grupo?
   _____

9. ¿Por qué a Miguel le queda chica la ropa de Martín?
   _____

Workbook

3 **La tía Carmen** La tía Carmen vive en Caracas. Una vez al año viaja a California para visitar a sus diez sobrinos. Con mucha paciencia, todos los años, su hermana Margarita corrige lo que dice Carmen porque Carmen siempre se equivoca. Escribe las correcciones de Margarita.

> **modelo**
>
> Agustín es más inteligente que Roberto.
> **No, Agustín no es más inteligente que Roberto. Roberto es más inteligente que Agustín.**

1. María es la que gana más de mil pesos por mes.

   _____

2. Diego es el que viaja tanto como Ana.

   _____

3. Ernesto es mayor que Diego.

   _____

4. Ana es la que peor se peina.

   _____

5. Susana es tan rápida con los números como Ana.

   _____

6. Natalia es la que duerme más de diez hora por día.

   _____

7. Roberto es el que tiene menos pelos en la cabeza.

   _____

8. Martín es el que siempre anda con tantas maletas como yo.

   _____

9. Antonio es el más elegante de todos.

   _____

4 **Otra carta de Julieta** Julieta llegó anteayer a Sevilla. Se alojó en el Hotel Internacional. Pero no está muy contenta con el Hotel. Le gustaba más el Hotel Central de Madrid. Lee la carta que Julieta les escribió a sus padres y complétala con **más/menos** o **tan/tanto/a(s)**.

Queridos mamá y papá:

Ya estoy en Sevilla. Estoy alojada en el Hotel Internacional. Este hotel es 1) _____ elegante como el de Madrid, pero yo estoy 2) _____ contenta aquí que allá. Aquí hay 3) _____ habitaciones como en el Hotel Central, pero hay 4) _____ comodidades que allá. La habitación es 5) _____ grande como la de Madrid. Pero la cama es 6) _____ cómoda y el servicio de habitación es 7) _____ frecuente que en el Hotel Central. En Madrid, el ascensor es 8) _____ rápido y el salón es 9) _____ cómodo que aquí. El desayuno es 10) _____ rico como en Madrid, pero los meseros son 11) _____ amables allá. Mañana mismo voy a cambiar de hotel.

Un beso grande.

Julieta

4.4 Present subjunctive

1 **Julieta tiene problemas** Durante la noche, Julieta recibió una llamada telefónica de sus padres. Pero la conversación no fue muy agradable. Completa el diálogo con la forma adecuada del presente del subjuntivo del verbo entre paréntesis.

MADRE Julieta, es importante que no 1) _____ (viajar) con ese muchacho.

JULIETA Mamá, "ese muchacho" tiene nombre. Se llama Federico y es una lástima que 2)

_____ (hablar) así de una persona que no conoces.

MADRE ¡Es una lástima que no te 3) _____ (dar) cuenta de que tú tampoco lo conoces!

JULIETA Mamá, es mejor que 4) _____ (hablar) en otro momento.

MADRE Juli, es necesario que no te 5) _____ (enojar) conmigo. Es necesario que

6) _____ (saber) que quiero lo mejor para ti.

JULIETA Si es importante que no me 7) _____ (enojar), es necesario que no te

8) _____ (poner) pesada.

MADRE Está bien, Juli. Es mejor que tu padre y yo te 9) _____ (llamar) en otro

momento.

JULIETA De acuerdo, mamá. Un beso.

MADRE Un beso, Juli.

2 **La mamá de Julieta ataca nuevamente** La mamá de Julieta sigue deseando que su hija regrese a casa lo antes posible. Por eso le envía una carta para tratar de lograr su propósito. Completa la carta con la forma adecuada de los verbos de la lista. Hay algunos verbos que no debes usar.

beber	hablar	pensar
conocer	hacer	saber
enojar	leer	ser
entender	oír	venir

Queridita mía:

Sé que es imposible que me 1) _____ este favor. Pero igual te lo pediré. Es urgente que 2) _____ a casa cuanto antes. Es mejor que no te 3) _____. Es necesario que primero 4) _____ lo que tengo que decirte. También es necesario que 5) _____ que tu viaje es muy peligroso. Tú tienes sólo diez y seis años. Y en el mundo hay mucha gente mala. No es seguro que ese muchacho 6) _____ un buen muchacho. Pero es imposible que lo 7) _____ en tan poco tiempo. Recuerda al novio de tu prima Merceditas. A todos nos gustaba. Pero finalmente descubrimos que es una mala persona. Es importante que 8) _____ que los padres siempre quieren lo mejor para sus hijos. Es mejor que 9) _____ en mis consejos.

Un abrazo cálido de

Mamá.

3 **Julieta encuentra un nuevo hotel** A Julieta no le gustó nada el Hotel Internacional. Completa los comentarios de Julieta con la forma adecuada del presente del subjuntivo o del presente del indicativo del verbo entre paréntesis.

1. Es importante que mi hotel no _____ (costar) mucho dinero.

2. Es mejor que el hotel _____ (ser) sencillo pero limpio.

3. Es evidente que los empleados me _____ (tratar) bien.

4. No es seguro que el hotel _____ (ofrecer) un buen servicio de habitación.

5. Es cierto que las habitaciones _____ (tener) caja de seguridad.

6. Es necesario que el hotel _____ (estar) cerca del centro.

7. Es verdad que el bar del hotel me _____ (traer) el desayuno a la habitación.

8. Es necesario que los empleados _____ (resolver) mis problemas.

4 **¡Qué pesado!** Uno de los empleados del nuevo hotel no es nada amable con Julieta. Lee los comentarios del empleado, y completa las opiniones de Julieta con el presente del subjuntivo o con el presente del indicativo, según sea necesario.

1. —Si buscas un hotel barato, vete a otra ciudad.

   —No es cierto que _____

2. —Debes elegir entre un hotel sencillo o un hotel limpio.

   —Es verdad que _____

3. —Si quieres que los empleados te traten bien, trátalos bien tú.

   —Es importante que _____

4. —Si quieres un buen servicio de habitación, da una buena propina.

   —No es necesario que _____

5. —Si quieres una caja de seguridad, compra una.

   —Es evidente que _____

6. —Si quieres que el hotel esté cerca del centro, paga el precio que te pidan.

   No es seguro que _____

7. —Si quieres el desayuno en la habitación, pídelo.

   Es cierto que _____

5 **¿Qué es importante para ti?** Escribe un breve párrafo para describir lo que es importante para ti cuando viajas. Usa el presente del subjuntivo y el presente del indicativo. También usa por lo menos cuatro de las siguientes expresiones: **es verdad que, es mejor que, es una lástima que, no es seguro que, es cierto que, es malo que.**

_____

_____

_____

_____

_____

Nombre _____ Fecha _____

LECTURA

1 Antes de leer Estás por leer una nota publicada en una revista de turismo. Lee el título, el subtítulo y las dos primeras oraciones del texto.

1. ¿Cuál crees que es el tema de la nota? _____
2. Ahora lee la primera oración de cada párrafo. Luego indica en qué párrafo se tratan los siguientes temas. Hay temas que no se tratan en ningún párrafo de la nota.

actividades ❏   edificios ❏   medios de transporte ❏
clima ❏   excursiones ❏   paisajes ❏

2 Lectura Lee la nota completa. Verifica si encuentras temas que no señalaste en el ejercicio anterior.

¿Qué tiene San Antonio que yo no tenga?
Las Cuevas, un lugar para regresar

San Antonio son las playas más visitadas y más turísticas de este país. Sin embargo, Las Cuevas es, para mí, un lugar más interesante que San Antonio. Este último lugar es modernísimo, pero Las Cuevas es más exótico. Sus edificios son más antiguos, pero están en muy buen estado y le dan a la ciudad un aire más cálido y más agradable que el de San Antonio.

El clima de Las Cuevas cambia menos que el de San Antonio. Además es más cálido y llueve menos. Por otro lado, usted dormirá mejor en Las Cuevas porque las noches son más frescas que en San Antonio. Las Cuevas le ofrece lugares menos comunes y actividades

más creativas que San Antonio. Las playas combinan arena y roca. Su nombre, Las Cuevas, se debe a que las playas están cubiertas de grandes cuevas de roca natural. Es un lugar ideal para protegerse del sol del mediodía, para leer, para escuchar música y para reunirse con amigos. Si le gusta nadar sin que le molesten las olas, el río Salado, con sus manantiales y sus aguas cálidas y cristalinas, está a sólo siete kilómetros del centro. A diez minutos del puerto está la isla Trinidad, el único lugar del país para tener una verdadera aventura. En la isla, usted puede bucear y hacer turismo de aventura por la selva y por el volcán apagado. No es verdad que haya aquí peligro.

El lugar está muy bien preparado para recibir turistas durante todo el año.

Las Cuevas también ofrece interesantísimas excursiones. Por un lado, del puerto de Las Cuevas sale todos los días un crucero que atraviesa toda la bahía hasta el mar abierto. Allí usted puede nadar, pescar y disfrutar de las variadísimas actividades en el Crucero. Por otro lado, todos los días, el Tren de los Chapotecas sale por la mañana y por la tarde hacia la parte más antigua del país, un lugar que le recomiendo que no deje de visitar.

Por todo esto, Las Cuevas es un lugar ideal para que usted se olvide del mundo y sienta que realmente está de vacaciones.

3 Después de leer Responde a las siguientes preguntas.

1. ¿Quién imaginas que escribió la nota? _____
2. ¿Cuál es su intención? _____
3. ¿A quién se dirige la nota? ¿Qué características imaginas que tienen las personas a las que se dirige la nota? _____
4. ¿Qué consejo le da el autor de la nota al lector? _____

COMPOSICIÓN

Escribe un texto similar a **¿Qué tiene San Antonio que yo no tenga? Las Cuevas, un lugar para regresar**.

1 **Elegir el tema** Compara dos lugares que conozcas y sugiérele al lector visitar uno de esos lugares. Primero contesta las siguientes preguntas.

1. ¿Cuáles son esos dos lugares?

   _____

2. ¿Qué aspectos de esos lugares vas a comparar?

   _____

3. ¿Por qué sugieres visitar el lugar preferido por ti?

   _____

2 **Escribir el texto** Escribe el texto.

Cuando finalices tu texto haz lo siguiente:
1. Escribe un título atractivo.
2. Revisa que cada párrafo trate un tema distinto.
3. Revisa la gramática y la ortografía. Ten especialmente en cuenta si usaste bien:
a. las formas de los comparativos y los superlativos.
b. el presente del subjuntivo en las sugerencias.

_____

_____

_____

_____

_____

_____

_____

_____

_____

_____

_____

_____

_____

_____

_____

_____

CONTEXTOS

Lección 5

La salud y el bienestar

1 **En el hospital** Para cada número, elige dos palabras de la lista a continuación que estén relacionadas y escríbelas en el primer espacio en blanco. Después escribe una oración completa para explicar cómo las dos palabras están relacionadas. Sigue el modelo. Puedes repetir palabras.

la anorexia	el jarabe	la sala de operaciones
el cirujano	la operación	la tos
el consultorio	las pastillas	la venda
la herida	la receta	el virus
la inyección	el resfriado	el yeso

modelo

cirujano, sala de operaciones
El cirujano trabaja en la sala de operaciones.

1. _____
_____

2. _____
_____

3. _____
_____

4. _____
_____

5. _____
_____

6. _____
_____

7. _____
_____

8. _____
_____

2 **¿Quién lo dice?** Lee los comentarios y luego únelos con la persona que los dijo.

1. ¿Cuándo me va a quitar el yeso, doctora?
2. Con este jarabe te pondrás bien pronto.
3. ¡Qué dolor tan fuerte! Necesito dos aspirinas.
4. ¿Con qué se hizo daño en el brazo?
5. ¡Puajj! ¡Qué mal sabor tiene!
6. ¿Me va a poner una inyección?
7. Deje de fumar hasta que se cure esa tos.

a. un chico que acaba de tomar un jarabe
b. un paciente con gripe
c. un doctor quitándole cigarrillos a un paciente
d. una enfermera con una niña que tose mucho
e. un paciente con la pierna rota
f. una doctora con una mujer con el brazo herido
g. un chico con las manos en la cabeza

3 **La intrusa** Una de las expresiones o de las palabras no pertenece al grupo. Elige la expresión o la palabra que no va.

1. curarse   ponerse bien   recuperarse   empeorar
2. estar herido   estar mareado   estar lastimado   estar sano
3. la gripe   la vacuna   la anorexia   la depresión
4. la respiración la digestión   la salud   la alimentación
5. el resfriado   el régimen   la gripe   la tos
6. el yeso   la aspirina   el jarabe   el calmante

4 **Un nombre para cada grupo** ¿Qué nombre le pondrías a cada conjunto de palabras? Escríbelo en el espacio en blanco. Usa las palabras de la lista.

enfermedades   **síntomas**
especialistas   **tratamiento**
medicamentos

1. el cáncer   la gripe   la anorexia   la obesidad
   _____

2. la aspirina   el jarabe   las pastillas   los calmantes
   _____

3. desmayarse   tener fiebre   tener dolor en el pecho   quedarse sin voz
   _____

4. descansar en cama   tomar el jarabe   hacer régimen   dejar de fumar
   _____

5. el cirujano   el dentista   el cardiólogo
   _____

ESTRUCTURA

5.1 The subjunctive in noun clauses

1   **Enfermo del corazón** Gustavo se siente muy enfermo. Por eso decide consultar a un especialista. Completa el diálogo con la forma adecuada del verbo entre paréntesis en modo subjuntivo.

MÉDICO   Buenas tardes. ¿Cómo está usted?

GUSTAVO   Buenas tardes, doctor. Es urgente que me 1) _____ (examinar). Es posible que 2) _____ (estar) muy enfermo.

MÉDICO   No creo que 3) _____ (ser) tan grave. ¿Qué le sucede?

GUSTAVO   No puedo dormir. No puedo comer. No puedo estudiar. No puedo trabajar.

MÉDICO   Es necesario que me 4) _____ (dar) más información. ¿Tiene fiebre, dolores físicos, tos? ¿Está resfriado? ¿Se ha desmayado?

GUSTAVO   No, nada de eso. Pero me molesta que mis amigos me 5) _____ (invitar) a salir, no me gusta que mi jefe me 6) _____ (dar) trabajo, me niego a que mis profesores me 7) _____ (pedir) tareas. Sólo quiero que Pilar 8) _____ (venir), me 9) _____ (hablar), me 10) _____ (mirar), me...

MÉDICO   ¡Interesante! ¿Y Pilar le habla, lo mira y quiere pasar tiempo con usted?

GUSTAVO   Creo que sí.

MÉDICO   Bueno, entonces le sugiero que 11) _____ (quedarse) tranquilo. Y le aconsejo que le 12) _____ (decir) a Pilar lo que siente usted. ¡Ya verá que se va a poner muy bien!

2   **Opiniones** ¿Qué opinas sobre la historia de Gustavo? Elige una de las expresiones dadas para cada afirmación. Expresa tu opinión e indica por qué opinas así. Usa la forma adecuada del presente del subjuntivo.

1. Gustavo está muy enfermo.
   a. No es evidente que...   b. Dudo que...   c. Me sorprende que...

   _____

2. Gustavo está mintiendo.
   a. No creo que...   b. Es poco seguro que...   c. Es una lástima que...

   _____

3. Pilar también está enamorada de Gustavo.
   a. Ojalá que...   b. Es posible que...   c. Es evidente que...

   _____

4. El diagnóstico del médico está equivocado.
   a. Le sugiero que...   b. Es extraño que...   c. Temo que...

   _____

3 **¿Qué dijo el doctor o la doctora?** En el hospital, los doctores y las doctoras les dan diferentes consejos a los pacientes. Completa las respuestas con las palabras entre paréntesis. Usa la forma adecuada del verbo.

1. ¿Qué le dijo el doctor al paciente que tiene un yeso en la pierna?
   Insisto en que no (apoyar / pierna) _____ durante 48 horas. No quiero que (romperse / yeso) _____.

2. ¿Qué le dijo el doctor al paciente que tiene tos?
   Debe dejar de fumar por un tiempo si desea que (mejorar / salud) _____.

3. ¿Qué le dijo la doctora a la mujer que tiene el brazo lastimado?
   Le recomiendo que (cambiar / venda) _____ tres veces por día. Espero que no (inflamarse / herida) _____.

4. ¿Qué le dijo la doctora a la niña que está sentada en la camilla?
   Te sugiero que (tomar / jarabe) _____ si quieres que (curarse / tos) _____.

5. ¿Qué le dijo el doctor al paciente que está resfriado?
   Es importante que (quedarse / casa) _____. Tengo miedo que (contagiarse / personas) _____.

6. ¿Qué le dijo el doctor a la madre del niño con gripe?
   Es necesario que (vacunar / hijo) _____. Es posible que (enfermarse / más) _____.

7. ¿Qué le dijo la doctora al paciente que tiene una venda en la cabeza?
   Tome estos calmantes si no quiere que (doler / cabeza) _____.

4 **Problemas en el hospital** La empleada de la recepción de un hospital tiene problemas con una paciente sorda. Completa el diálogo con el presente del indicativo o el presente del subjuntivo de los verbos entre paréntesis.

PACIENTE Buenos días, 1) _____ (desear) que el doctor González me 2) _____ (examinar).

EMPLEADA Buenos días, señora. Lo siento, pero el doctor González no 3) _____ (atender) hoy. ¿La 4) _____ (poder) atender otro doctor?

PACIENTE Le 5) _____ (decir) que 6) _____ (querer) que me 7) _____ (atender) el doctor González. No veré a otro doctor.

EMPLEADA Y yo le 8) _____ (decir) que el doctor no 9) _____ (venir) hoy.

PACIENTE 10) _____ (exigir) que le 11) _____ (decir) al doctor González que 12) _____ (querer) verlo.

EMPLEADA ¡El doctor González no 13) _____ (venir) hoy!

PACIENTE ¿No 14) _____ (venir)? ... ¡Dudo que el doctor González no 15) _____ (venir) hoy! Es verdad que este hospital 16) _____ (ser) bueno. ¡Pero es mentira que los empleados 17) _____ (ser) buenos! ¡Quiero que 18) _____ (llamar) a su supervisor, inmediatamente!

5.2 The subjunctive in adjective clauses

1 **La recepción del hospital** Durante el día, los empleados de la recepción del hospital deben atender pedidos de todo tipo. ¿Cuáles fueron los pedidos hoy? Une las expresiones para formar esos pedidos.

> **modelo**
>
> Necesito un médico ⟶ *que hable inglés.*

1. Busco el consultorio   a. que se quedó sin voz?

2. ¿Dónde encuentro un doctor   b. que sea especialista del corazón?

3. ¿Me recomienda una doctora   c. que sea también cirujana?

4. ¿Sabe quién atendió a la paciente   d. donde atiende el doctor Romero.

5. ¿Dónde puedo comprar el jarabe   e. que se desmayaron?

6. Necesito un pediatra   f. que sepa tratar adolescentes.

7. Busco una enfermera   g. que me recetó el doctor?

8. ¿Hay en este hospital unos doctores   h. que hayan estudiado en el extranjero?

9. ¿Atendió usted a los enfermos   i. que pueda ponerme una inyección.

2 **Las preguntas al/a la doctor(a)** Los doctores y las doctoras también deben escuchar muchos pedidos y contestar muchas preguntas durante el día. ¿Cuáles fueron las preguntas y los pedidos que le hicieron hoy al doctor Romero? Completa las preguntas y los pedidos con la forma adecuada del presente del subjuntivo de los verbos dados.

1. Necesito un calmante que no me _____ (caer) mal al estómago.

2. Quiero una dieta que me _____ (hacer) adelgazar rápido.

3. ¿Puede recetarme pastillas que me _____ (calmar) el dolor?

4. Necesito una habitación donde _____ (poder) descansar tranquila por unas horas.

5. Quiero un régimen que _____ (ser) fácil de hacer.

6. No quiero que el médico me dé un tratamiento que le _____ (hacer) daño a mi autoestima.

7. ¿Hay en el hospital una farmacia que _____ (vender) el medicamento que necesito?

8. ¿Hay en el hospital una enfermera que _____ (saber) poner bien las inyecciones?

Workbook

3 **¿Qué debe decir Beth?** Beth está aprendiendo español y necesita ayuda. Indica qué debe decir en las siguientes situaciones en el hospital.

1. Beth busca a un compañero de la universidad que se llama Antonio. No recuerda su apellido, pero sabe que mañana lo operan.
   a. Busco al paciente que se llama Antonio y que operan mañana.
   b. Busco un paciente que se llame Antonio y que operen mañana.

2. Antonio le pide a Beth un libro que tenga información sobre la cirugía. Lo quiere leer antes de la operación. Beth habla con un doctor.
   a. Debo conseguir el libro que tiene información sobre la cirugía.
   b. Debo conseguir un libro que tenga información sobre la cirugía.

3. Beth le cuenta a Antonio que en su familia nadie tiene problemas de salud.
   a. En mi familia no hay alguien que tiene problemas de salud.
   b. En mi familia no hay nadie que tenga problemas de salud.

4. Antonio está muy nervioso. Beth busca al doctor de Antonio.
   a. Necesito al doctor que atiende a Antonio.
   b. Necesito un doctor que atienda a Antonio.

5. Antonio le agradece a Beth que haya ido a visitarlo. Está un poco triste. No le gusta que Beth pase su tiempo en el hospital. Beth le dice que no esté triste.
   a. No estés triste. No conozco a alguien con quien quiero estar ahora.
   b. No estés triste. No conozco a nadie con quien quiera estar ahora.

4 **Beth sigue aprendiendo español** La operación de Antonio fue un éxito. Beth lo visita todos los días y Antonio la ayuda con su español. ¿Dónde debe colocar Beth una **a** personal?

1. ¿Conoces _____ alguien que haga una buena dieta para adelgazar?

2. Busco _____ alguien que me alquile un buen apartamento.

3. Necesito _____ un buen profesor que me ayude con matemática.

4. No conozco _____ nadie que viva cerca de aquí.

5. ¿Conoces _____ un médico que hable inglés?

6. ¿Me recomiendas _____ un buen entrenador que tenga un gimnasio cerca?

7. Quiero conocer _____ alguien que haya dejado de fumar.

8. Acabo de conocer _____ una paciente que también tiene problemas de salud.

5.3 The subjunctive in adverbial clauses

1 **El doctor Fernández habla con sus pacientes** El doctor Fernández es el encargado de pediatría de un hospital. Hoy visitó a sus pacientes y les dijo lo que tenían que hacer. Completa las oraciones del doctor con la forma adecuada del presente del subjuntivo del verbo entre paréntesis.

1. Tus padres pueden estar contigo siempre que tú lo _____ (desear).

2. En caso de que _____ (sentirse) mal, aprieta el timbre rojo.

3. Debes comer toda la comida para que _____ (poder) recuperarte.

4. No volveré a visitarte hoy a menos que tú me _____ (llamar).

5. La enfermera no te pondrá más inyecciones a menos que no _____ (tomar) el jarabe.

6. Tienes que tomar esta pastilla para que no _____ (volver) a desmayarte.

7. Es muy importante que _____ (dormir) la siesta para que _____ (mejorar).

8. El calmante te quitará el dolor siempre que tú también _____ (hacer) un esfuerzo.

2 **Un niño desobediente** Ricardito es uno de los pacientes del doctor Fernández. Se está recuperando de una bronquitis. Pero Ricardito es muy desobediente, así que el doctor lo asustó un poco para que se cuide. Completa las oraciones con la forma correcta de los verbos entre paréntesis.

1. Debes soportar las inyecciones, a menos que no _____ (querer) curarte.

2. Es muy importante que _____ (cuidarse) para que no _____ (empeorar).

3. No te recuperarás a menos que _____ (dejar) de caminar sin zapatos.

4. Cuando _____ (portarse) bien, siempre te sientes mejor.

5. En cuanto _____ (vestirse) con ropa más abrigada, te mejorarás.

6. Debes estar en la cama siempre que yo _____ (llegar).

7. Después de que te _____ (desmayar) tu mamá estaba muy asustada.

8. Podrás ir a tu casa tan pronto como _____ (dejar) de toser.

9. Siempre tienes mejor aspecto en cuanto yo te _____ (dar) las pastillas.

3 **Ricardito está aburrido** Hace una semana que Ricardito está hospitalizado y quiere irse a su casa. Su mamá escucha sus quejas, amenazas y promesas. Completa las oraciones con lo que dice Ricardito. Elige entre el subjuntivo y el indicativo en tus respuestas.

1. Todas las mañanas, en cuanto _____, la enfermera me despierta.

2. El doctor Fernández me prohíbe jugar después que _____.

3. Siempre que me traen la comida, _____.

4. Antes de que _____, huiré del hospital.

5. A mí me dan sopa cuando _____.

6. Hasta que tú _____, las enfermeras no me trataban bien.

7. Me portaré bien con tal que _____.

8. Te prometo que seré un buen niño luego de que _____.

4 **¡Ricardito sale del hospital!** La enfermera le pregunta qué va a hacer los próximos días y Ricardito le responde. Completa las preguntas como si tú fueras la enfermera.

1. ¿ _____?

   Después que salga del hospital abrazaré a mis hermanos. Espero que no se contagien.

2. ¿ _____?

   Luego que salude a mis hermanos voy a jugar con mi perro. Él seguro que no se contagiará.

3. ¿ _____?

   En cuanto pueda salir de mi casa iré al parque. Ahí hay juegos muy divertidos.

4. ¿ _____?

   No, no voy a entrar a un hospital hasta que sea grande.

5. ¿ _____?

   Con tal de no enfermarme otra vez, no comeré más helados.

6. ¿ _____?

   Cuando vaya a la escuela voy a ser el mejor alumno.

5 **¿Qué hizo Ricardito, verdaderamente?** En cuanto llegó a su casa, Ricardito no hizo nada de lo que le dijo a la enfermera. Escribe cinco oraciones contando lo que hizo verdaderamente. En las oraciones usa las siguientes cláusulas adverbiales: **a menos que, antes (de) que, para que, sin que, cuando, hasta que, en cuanto, aunque.**

1. _____

2. _____

3. _____

4. _____

5. _____

6 **Después de mucho tiempo** Ricardito pasó mucho tiempo en el hospital. ¿Tienes tú una historia similar? Describe lo que hiciste inmediatamente después de salir de un lugar donde habías estado por mucho tiempo. Usa en tus oraciones cláusulas adverbiales de tiempo como: **antes (de) que, cuando, después (de) que, en cuanto, hasta que, luego que, mientras que, siempre que, tan pronto como.**

_____

_____

_____

_____

_____

_____

Workbook

5.4 Commands

1   **El doctor Arriola**   El doctor Arriola les dice a sus pacientes lo que tienen que hacer. Escribe oraciones con el imperativo formal a partir de las notas del doctor. Recuerda que el doctor trata a todos sus pacientes de **usted**.

Raquel tiene problemas de obesidad.

1. comenzar / régimen _____
2. no pesarse / todos los días _____
3. no ir / supermercado / con hambre _____
4. tener / frutas / refrigerador _____

José está resfriado.

5. cuidar / temperatura de la casa _____
6. descansar _____
7. prepararse / sopa de pollo _____
8. beber / té con miel _____

Marcos está muy nervioso.

9. dormir / siesta _____
10. ir / paseo _____
11. hacer / ejercicio físico _____
12. trabajar / menos horas diarias _____

2   **El enfermero del doctor Arriola**   El enfermero del doctor Arriola es muy joven y todavía está aprendiendo a tratar con los pacientes. El doctor le da consejos. Completa los consejos del doctor Arriola usando el imperativo de los verbos entre paréntesis, como en el modelo.

> **modelo**
>
> A los pacientes con tos puedes decirles: *"Tomen jarabe"*.

1. A los fumadores puedes decirles: "_____". (fumar)

2. A los pacientes con dolor de cabeza puedes decirles: "_____". (comprarse / aspirina)

3. A los pacientes con problemas cardíacos puedes decirles: "_____". (hacer / dieta)

4. A los deprimidos puedes decirles: "_____". (mejorar / autoestima)

5. A los que tienen demasiado estrés puedes decirles: "_____". (descansar)

6. A los enojados puedes decirles: "_____". (cambiar / humor)

7. A los que tienen problemas de obesidad puedes decirles: "_____". (adelgazar)

8. A los que necesitan una receta puedes decirles: "_____". (venir / semana próxima)

3 **Consejos de vecinos** Hay quienes creen que las enfermedades pueden curarse con el sentido común, sin ir al médico. Lee los siguientes textos con creencias populares sobre algunas enfermedades. Completa los consejos de acuerdo con esas creencias, como en el modelo. Recuerda que son consejos de vecinos, así que la forma más habitual de tratamiento es la de **tú**.

> **modelo**
> Los resfríos pueden curarse respirando el vapor de agua con sal.
> Respira el vapor de agua con sal.

A. Los resfríos también pueden curarse tomando té con limón y miel. Cuando estamos resfriados debemos abrigarnos bien y no usar ropa incómoda.

1. _____
2. _____
3. _____

B. Cuando hay una herida, primero se lava con agua y jabón. Poner azúcar sobre la herida puede ayudar. Debe ponerse una venda tapando bien la herida. No hay que tocarse la herida porque se puede infectar.

4. _____
5. _____
6. _____
7. _____

C. La falta de sueño se debe a una preocupación. Por eso hay que olvidarse de las angustias y superar el mal humor. Una taza de leche caliente es un buen remedio, y el café quita el sueño.

8. _____
9. _____
10. _____
11. _____
12. _____

4 **Consejos a los jóvenes para mantenerse sanos** El doctor Arriola visitó la clínica de una universidad. Allí les explicó a los estudiantes universitarios cómo mantenerse sanos. Habló de la comida, el cuidado de los dientes, los ejercicios físicos y las heridas, entre otras cosas. Escribe cinco consejos del doctor usando formas del imperativo. El doctor les habla a los estudiantes de **ustedes**.

1. _____
2. _____
3. _____
4. _____
5. _____

LECTURA

1 **Antes de leer** Antes de leer el texto, contesta las siguientes preguntas.

1. ¿Cuáles son los problemas que provoca el cigarrillo?

_____

2. ¿Por qué crees que mucha gente sigue fumando aunque sepa que puede enfermarse?

_____

3. ¿Conoces a alguna persona que haya intentado dejar de fumar? ¿Ha sido fácil para él/ella?

_____

_____

2 **Lectura** Lee el artículo.

Consejos para dejar de fumar

¿Sabías que en Estados Unidos mueren 400,000 personas al año por razones relacionadas con el tabaco? El tabaco es un factor de riesgo para enfermedades como el cáncer de los pulmones, ataques al corazón y enfermedades cerebrales. Pero el cigarrillo también trae otros problemas: mal aliento, dientes amarillos y corta respiración. Además, una persona que fuma puede gastar hasta $1,000 al año en la compra de cigarrillos.

¡Mejora tu autoestima usando tu fuerza de voluntad! Hay muchas razones buenas para dejar de fumar, pero hacerlo no es fácil. Antes de intentar dejar de fumar debes estar bien seguro de que lo deseas. Luego, lee estos diez consejos:

- Ponte una fecha. Marca el día en tu calendario y no lo cambies en absoluto.
- Haz un plan. Tienes varias opciones. Decide si quieres parar completamente o poco a poco. Luego de que señales la fecha, no la cambies.
- Tira todos los recuerdos. En cuanto llegue el día, bota los ceniceros, lava tu ropa para que no tenga olor a cigarrillo y limpia tu carro si fumabas allí.
- Bota tus cigarrillos. Cuando hayas llegado a tu fecha de partida, bota todos tus cigarrillos. ¡No debe quedar ninguno!
- Aléjate de otras drogas. ¡Ten cuidado! No comiences a beber o a tomar otras drogas.
- Encuentra otra cosa para hacer. Cuando te dé deseo de fumar, toma un vaso de agua, mastica chicle, come zanahoria o haz otra cosa para no pensar en el cigarrillo.
- Distráete. Pasa tiempo con amistades que no fumen o elige hacer algo nuevo como tocar un instrumento, tomar clases de pintura o hacer ejercicio.
- Busca apoyo. Cuando estés con muchas ganas de fumar, llama a un amigo o a un familiar. Ellos pueden hablar contigo durante los momentos más difíciles. También puedes buscar apoyo en Internet o en grupos de gente como tú que esté dejando de fumar.
- Busca un médico. En cuanto sientas que se quiebra tu fuerza de voluntad, consulta un médico.
- Perdona tus errores. Si tienes un momento de debilidad y fumas, no es el fin del mundo y no debería ser el final de tu plan para dejar de fumar. Perdónate y empieza otra vez lo más pronto posible.
- Premia tus éxitos. ¡Felicidades! Tan pronto como pases una semana sin fumar, regálate algo. Ahorra el dinero de los cigarrillos y cómprate algo que te guste cuando tengas una semana sin fumar.

3 **Después de leer** Responde a las siguientes preguntas.

1. Elige los tres consejos más importantes del artículo. ¿Por qué crees que son los más importantes?

Consejo 1: _____

Razón: _____

Consejo 2: _____

Razón: _____

Consejo 3: _____

Razón: _____

2. ¿Qué crees que puedes hacer para ayudar a alguien que quiere dejar de fumar?

_____

_____

_____

_____

_____

_____

_____

_____

_____

_____

COMPOSICIÓN

¿Te parece difícil encontrar un médico que te agrade? ¿Has tenido alguna mala experiencia con algún médico? No eres el único. Hace tiempo se ha formado un grupo de pacientes que aconsejan a los médicos. El objetivo es ayudarlos a saber cómo desean sus pacientes que los traten. Imagina que tú eres parte de ese grupo, y están escribiendo un texto para los médicos.

1 **Ordena tus ideas.**

1. Lo más desagradable de un médico es que _____

2. Busco un médico que _____

3. A los doctores, les aconsejo que _____

4. Y les aconsejo que no _____

2 **Escribe el texto**. Se trata de un texto que podrá ayudar a los médicos más jóvenes a tratar mejor a sus pacientes. Primero, debes escribir lo que más les molesta a los pacientes y lo que más les gusta de los médicos. Luego, escribe cinco consejos para ayudar.

_____

_____

_____

_____

_____

_____

_____

_____

_____

_____

_____

_____

_____

_____

_____

_____

3 **Revisa el texto.** ¿Están separadas en párrafos las dos partes pedidas: las ideas de los pacientes y los consejos? ¿En las ideas de los pacientes usaste el subjuntivo? ¿En los consejos usaste el imperativo?

CONTEXTOS

Lección 6
La naturaleza

1 **Una vida natural** Lee cada descripción a continuación y elige la palabra de la lista a la que se refiere. Escribe la palabra en el espacio.

águila	cola	nido
bahía	conejo	orilla
búfalo	erosión	pico de la montaña
cabo	león	planta comestible
cabra	mona hembra	rata
cerdo	mono macho	serpiente venenosa

1. _____ → Es el rey de la selva.

2. _____ → Hay una en todas las playas.

3. _____ → Un ejemplo es la cobra.

4. _____ → Los pájaros lo construyen en lo alto de los árboles.

5. _____ → Muchos animales la tienen. Los humanos no la tenemos.

6. _____ → A veces está cubierto de nieve porque hace mucho frío ahí.

7. _____ → Animal enorme que se encuentra en el oeste de los Estados Unidos.

2 **Descríbelos tú** Mira la lista del ejercicio 1 otra vez. Ahora elige siete palabras de la lista y escríbelas a continuación en el primer espacio. Luego en el segundo espacio escribe una descripción o definición de cada palabra que elegiste.

1. _____ → _____

2. _____ → _____

3. _____ → _____

4. _____ → _____

5. _____ → _____

6. _____ → _____

7. _____ → _____

3 **¿Quién lo piensa?** Usa la lista del ejercicio 1 otra vez para elegir quién podría pensar lo siguiente.

1. ¡El viento sopla muy fuerte! No podré llegar a mi nido. _____

2. ¡Llamemos a los demás! Se acercan los leones. _____

3. ¡Esta hembra me robó el corazón! _____

4. Esta hierba está muy rica. _____

5. Estoy enamorada. _____

6. En cuanto haya oportunidad, atacaremos a las cabras. _____

7. ¡Qué ricos son esos huevos! _____

4 **¿Dónde vivir?** ¿Qué ventajas (*advantages*) tiene la vida en un área rural, cerca de la naturaleza? Uno/a de tus amigos/as acaba de decirte que le han ofrecido un trabajo interesante. Pero el trabajo está en un área muy rural donde vive poca gente y donde hay mucha naturaleza. Tu amigo/a quisiera aceptar el trabajo, pero no sabe si puede ser feliz lejos de la gran ciudad. Tú piensas que debe aceptarlo porque es una magnífica oportunidad. Escribe un breve párrafo explicándole las ventajas de la vida rural. Usa por lo menos cuatro de las palabras o expresiones que están en la lista, y cuatro más que no están.

al aire libre	recursos naturales
explotar	salvaje
generar	simpática
medio ambiente	sociable
paisaje	tacaña
promover	tradicional

_____

_____

_____

_____

_____

_____

5 **Tarzán** Escribe un breve texto para describir el mundo de Tarzán. Puedes contar alguna historia que recuerdes de la película, la serie, los libros, etc. Utiliza al menos cinco de las palabras de la lista, y utiliza cinco más que no aparezcan en la lista.

atrapar	palmera
hembra	profundo
mono	puro
morder	tigre

_____

_____

_____

_____

_____

_____

_____

ESTRUCTURA

6.1 The future tense

1 **El error de Sergio** Sergio está estudiando para ser ecologista, y le gusta mucho dar paseos en el bosque con sus compañeros de la universidad. Pero Sergio todavía no sabe distinguir las plantas comestibles de las venenosas. Por eso está eligiendo una planta venenosa para su almuerzo. Tú sabes lo que le pasará. Completa las oraciones con la forma adecuada del futuro de los verbos entre paréntesis.

1. Sergio _____ (ir) a su casa con las plantas venenosas.

2. Sus compañeros le _____ (decir) que ya en otra ocasión eligió unas plantas no comestibles y se enfermó.

3. Sergio no _____ (escuchar) a sus compañeros.

4. Con las plantas, Sergio _____ (hacer) una comida.

5. Los compañeros no _____ (querer) comerla.

6. Sergio _____ (comer) toda la comida que preparó con esas plantas.

7. La mañana siguiente, Sergio _____ (tener) dolor de estómago.

8. Los compañeros _____ (saber) que tenían razón.

2 **Planes para el futuro** Sergio y su novia Isabel están enamorados. Y como todas las parejas enamoradas, hablan de su pasado, de su presente y de su futuro. Indica si se habla del pasado, del presente o del futuro. Cambia las oraciones que hablan del futuro, como en el modelo.

> **modelo**
> Yo no era feliz, hasta que te conocí. (**Pasado**)
> Dentro de dos años vamos a tener cuatro hijos. (**Futuro**)
> Dentro de dos años <u>tendremos</u> cuatro hijos.

Pasado	Presente	Futuro	
❏	❏	❏	1. Ahora vivo con mis padres.
❏	❏	❏	2. De niño, pude recorrer los bosques del país.
❏	❏	❏	3. Van a venir mis padres para conocerte.
❏	❏	❏	4. En nuestra boda va a haber una banda que toque toda la noche.
❏	❏	❏	5. Encontré un apartamento precioso para vivir juntos.
❏	❏	❏	6. Nunca voy a dejar de quererte.
❏	❏	❏	7. Juntos vamos a ser muy felices.

_____

_____

_____

_____

3 | **Combinando tiempos** En cada oración hay dos verbos en pasado, presente y futuro. Uno debe ir en futuro, el otro no. Decide cuál de los dos debe ir en futuro y tacha (*cross out*) las formas incorrectas. Haz lo mismo con el otro verbo.

1. El águila <u>pudo   puede   podrá</u> llegar a su nido. No <u>tuvo   tiene   tendrá</u> dudas la próxima vez.

2. Los monos <u>fueron   son   serán</u> padres de cuatro. <u>Supieron   Saben   Sabrán</u> su futuro.

3. Sergio se <u>curó   cura   curará</u> de su enfermedad. La próxima vez <u>tuvo   tiene   tendrá</u> más cuidado.

4. Las cabras <u>pudieron   pueden   podrán</u> espantar (*to scare away*) a los leones. De ahora en adelante no las <u>atacaron   atacan   atacarán</u>.

5. Isabel, la novia de Sergio, <u>supo   sabe   sabrá</u> que él no puede distinguir las plantas venenosas de las comestibles. La semana próxima le <u>enseñó   enseña   enseñará</u> cómo hacerlo.

6. El pájaro hembra <u>volvió   vuelve   volverá</u> a su nido, pero no encontró sus huevos. No <u>nacieron   nacen   nacerán</u> nuevos pichones (*chicks*) este verano.

7. Los acantilados <u>cayeron   caen   caerán</u> pronto. La parte de abajo <u>estuvo   está   estará</u> erosionada.

8. Los leones <u>trataron   tratan   tratarán</u> de cazar cebras, pero no pudieron atrapar ninguna. Los leones <u>pasaron   pasan   pasarán</u> hambre estos días.

4 | **Saber del futuro** Tú eres ecologista. Crees que si no cuidamos nuestro planeta, el futuro traerá su destrucción. Escribe un texto para contar lo que pasará si no cuidamos nuestro planeta, usando las expresiones de la lista y otras más. Ponle un título a tu texto.

aire puro	extinguir
consumo de energía	inundar
energía solar	plantas nucleares
erosión	promover

Título: _____

_____

_____

_____

_____

_____

_____

_____

_____

_____

6.2 The conditional

1 **Completa** Escribe el verbo en la forma condicional adecuada.

1. María _____ (salir) con Juan. A ella le gusta mucho.

2. Si no llevara tantos libros, todo _____ (caber) en una sola maleta.

3. La comida no tiene gusto. Nosotros le _____ (poner) un poco más de sal.

4. Ellos _____ (hacer) un campamento a orillas del mar. Pero el viento sopla demasiado fuerte.

5. No sé si debo decir "cerdo" o "chancho". ¿Cuál de las dos palabras _____ (usar) tú?

6. No estoy seguro de cuáles _____ (ser) las mejores formas de reducir el consumo de energía en la ciudad.

7. Tengo miedo de que las cabras me muerdan. Si no tuviera miedo _____ (poder) darles de comer.

8. Le pregunté a mi médico cuánto _____ (valer) ese remedio.

2 **Títulos inseguros** Muchas veces, en los títulos de las noticias se usa el condicional. Esto sucede cuando no hay total seguridad de que la noticia sea verdadera. El periodista que escribió estas noticias no está totalmente seguro de que sean ciertas. Escribe en condicional el verbo subrayado.

1. Nuevas investigaciones en China indican que los osos panda se extinguirán.

_____

2. Los científicos afirman que hay muchas plantas comestibles sin descubrir.

_____

3. Las partes más profundas del planeta se encuentran en el centro del océano Pacífico.

_____

4. La desaparición de los bosques puede producir tremendas erosiones de suelos.

_____

5. El gobierno quiere disminuir el consumo de energía eléctrica.

_____

6. Un nuevo veneno para matar cucarachas que no hace daño a las personas.

_____

3 **Con amabilidad** A los ayudantes del laboratorio les gusta trabajar con Juan Noble y no con Pedro Pesado. Juan Noble siempre pide las cosas con amabilidad. Pedro Pesado sólo sabe dar órdenes. Completa el cuadro escribiendo cómo Pedro Pesado y Juan Noble piden las mismas cosas. Sigue el modelo.

> **modelo**
> ¡Dame el líquido azul!
> ¿Me darías el líquido azul, por favor?

Pedro Pesado / **Juan Noble**

1. ¡Mañana ven a la oficina a las ocho! _____

2. ¡Pon las cosas en su lugar! _____

3. ¡Sal a comprarme una botella de agua mineral! _____

4. ¡Dime los resultados! _____

5. ¡Llega temprano la semana próxima! _____

6. ¡Apaga la computadora! _____

4   **Las suposiciones de Juanito Noble** Juanito Noble hizo un viaje con su papá. Antes de hacer el viaje, escribió en su diario sus ideas sobre lo que vería. Al regresar, anotó lo que él pensaba que vería y cómo son las cosas en realidad. Completa las oraciones que escribió Juanito cuando regresó, usando el condicional. Sigue el modelo.

> **modelo**
>
> Los búfalos son animales tranquilos.
> Creía que los búfalos serían animales tranquilos, pero son bastante violentos.

Antes del viaje escribió:

1. Las monas hembras se ayudan para cuidar las crías.

2. Las orillas del mar son playas poco profundas.

3. Hay muchas plantas comestibles.

4. Los pájaros usan su pico para darles de comer a sus pichones.

5. Los cerdos y los chanchos son animales distintos.

Después del viaje escribió:

1. Suponía que _____, sin embargo _____.

2. Pensaba que _____, pero _____.

3. Creía que _____, pero _____.

4. Me parecía que _____, por el contrario, _____.

5. Estaba seguro de que _____, sin embargo _____.

5   **En su lugar** A Pedro Pesado le encanta dar consejos. Por eso les dice a sus ayudantes lo que haría él si fuera una de las siguientes personas. Usa el condicional para completar las oraciones con lo que dice Pedro Pesado.

1. Cristina es estudiante. Está preparando un examen.

   Pedro Pesado dice: "Si yo fuera Cristina, _____".

2. Nicolás es otro estudiante. Acaba de fracasar en su examen.

   Pedro Pesado dice: "Si yo fuera Nicolás, _____".

3. Patricia quiere pedir una beca para estudiar en Chile.

   Pedro Pesado dice: "Si yo fuera Patricia, _____".

4. Antonio está muy triste, porque acaba de pelearse con su novia.

   Pedro Pesado dice: "Si yo fuera Antonio, _____".

5. Enrique tiene una entrevista con una compañía importante la semana próxima.

   Pedro Pesado dice: "Si yo fuera Enrique, _____".

6.3 The past subjunctive

1 **El campamento** En el campamento donde están Aguayo y su esposa hay problemas. Los visitantes presentan sus quejas. Escribe **querer** en el imperfecto de subjuntivo para que las quejas sean pedidos amables.

1. Mi esposa <u>quiere</u> los baños limpios.

_____

2. <u>Quiero</u> poder reciclar la basura.

_____

3. <u>Queremos</u> ir al bosque para cazar conejos.

_____

4. Mis vecinos <u>quieren</u> excursiones organizadas.

_____

5. <u>Queremos</u> la prohibición del uso de aerosoles. Se arruina la capa de ozono.

_____

6. <u>Quiero</u> un consumo de energía más regulado.

_____

2 **Alrededor del fuego** Por la noche, sentados alrededor del fuego, las personas del campamento recuerdan, se quejan, critican... Empareja cada frase de la columna 1 con una frase de la columna 2 que la complete lógicamente. Usa **como si** y el imperfecto del subjuntivo del verbo entre paréntesis.

Columna 1	Columna 2
1. Malgasta el agua ...	a. como si _____ (ser) una persona.
2. Ayer me pidieron que me fuera del río...	b. _____ (saber) cómo se reciclan las cosas.
3. Hablan de reciclar ...	c. _____ (creer) que no se va a terminar nunca.
4. Me hablaste ...	d. _____ (poder) comerlos todos.
5. Me miró ...	e. no _____ (haber) animales venenosos.
6. Utilizan aerosoles ...	f. yo no _____ (poder) pescar con ustedes.
7. Camina por la selva ...	g. _____ (mirar) un extraño.
8. Tratan al mono ...	h. no se _____ (hablar) de la capa de ozono.
9. Atrapan conejos ...	i. tú _____ (ser) mi padre.

3 **Reunión de esposas** Muchos esposos se sorprendieron. No creían que sus esposas fueran buenas en el campamento. Completa lo que pensaban los esposos con la forma adecuada del verbo dado.

1. Enrique no creía que a mí me _____ (gustar) el campamento.

2. Juan dudaba que yo me _____ (preocupar) por la naturaleza.

3. Manuel no esperaba que yo _____ (defender) el medio ambiente.

4. Antonio no imaginaba que yo _____ (saber) pescar.

5. Ariel tenía miedo de que yo _____ (tener) unas malas vacaciones.

6. Roberto temía que yo le _____ (hacer) pasar unas malas vacaciones a él.

7. Renato no estaba seguro de que yo _____ (querer) quedarme unos días más.

8. Alberto no creía que yo _____ (disfrutar) de la vida al aire libre.

9. José no esperaba que yo me _____ (sentir) tan feliz.

4 **Los pedidos y las recomendaciones de Aguayo** En la oficina de *Facetas*, Diana les recuerda a sus compañeros los pedidos y recomendaciones que hizo Aguayo antes de salir de vacaciones. Escribe lo que dijo Aguayo. Usa las palabras dadas.

> **modelo**
>
> pedir / cuidar / pececito
> **Aguayo nos pidió que cuidáramos el pececito.**

1. decir / malgastar / luz

_____

2. aconsejar / contribuir / pobres

_____

3. insistir / dar de comer / gato

_____

4. pedir / hacer desaparecer / café

_____

5. exigir / contribuir / don Miguel

_____

6. recomendar / renovar / nuestras ideas

_____

7. rogar / atrapar / rata de su oficina

_____

8. prohibir / promover / manifestaciones

_____

9. desear / tener / problemas

_____

6.4 Si clauses with simple tenses

1   **El acantilado**   En el campamento, un amigo de Aguayo quiere ir al acantilado. Pero no sabe cómo llegar. Aguayo le hace un mapa y le da algunas indicaciones. Completa lo que dice Aguayo con la forma adecuada del verbo entre paréntesis.

Hay tres caminos para ir al acantilado caminando. Si vas por el segundo, 1) _____ (llegar) más rápido. Si 2) _____ (elegir) este camino, no 3) _____ (levantar) las piedras, porque puede haber arañas venenosas. 4) _____ (tardar) un poquito más si 5) _____ (seguir) el camino de la izquierda. Pero 6) _____ (poder) visitar una reserva de chanchos salvajes, monos y otros animales exóticos. El camino más largo es el de la derecha. Pero el paisaje es hermoso. Debes atravesar un bosque, un río y luego una colina. 7) _____ (llevar) mucha agua y alimentos en tu mochila si 8) _____ (ir) por este camino. Tardarás cuatro horas para llegar al acantilado. 9) _____ (poder) llevar mi mochila si no 10) _____ (tener) una. Vas a ver mariposas de hermosos colores y muchos loros. Si 11) _____ (tener) suerte, también 12) _____ (ver) monos de varias especies.

2   **Conocerse mejor**   Por la noche, en el campamento, los chicos se sientan alrededor del fuego y tratan de conocerse mejor. Responde a las preguntas como indica el modelo.

> **modelo**
>
> Si los monstruos existieran, ¿cómo serían para ti?
> *Si los monstruos existieran, serían como mi profesor de matemática, porque me hace sentir mucho miedo.*

1. ¿Qué harías si cayera nieve ahora?

_____

2. Si pudieras elegir, ¿serías un águila o un león?

_____

3. Si existiera un superhéroe que ayudara al mundo, ¿a qué superhéroe famoso elegirías?

_____

4. ¿Qué harías si el volcán hiciera erupción?

_____

5. Si pudieras pasar un día completo con un personaje famoso, ¿con quién te gustaría pasarlo?

_____

6. Si pudieras hacer una nueva ley para proteger a un animal, ¿qué animal protegerías?

_____

7. ¿A qué lugar irías de vacaciones si pudieras elegirlo tú?

_____

Nombre _____   Fecha _____

3   **Aguayo cuenta**   Sentados alrededor del fuego, Aguayo cuenta lo que pasaba hace mucho tiempo. Empareja cada frase de la columna de la izquierda con una frase de la columna de la derecha que la complete lógicamente. Luego completa las oraciones con la forma adecuada del verbo entre paréntesis.

Columna 1

1. Si una especie animal corría peligro de extinción ...
2. Si te mordía una serpiente venenosa ...
3. Si había truenos y relámpagos ...
4. Si un volcán hacía erupción ...
5. Si había un bosque en un camino ...
6. Si una persona atravesaba un bosque ...
7. Si alguien pasaba por un bosque y no era un superhéroe ...

Columna 2

a. la gente _____ (pensar) que los dioses estaban enojados.
b. la gente _____ (ir) por otro camino porque _____ (pensar) que el bosque _____ (estar) embrujado.
c. entonces _____ (ser) un tonto.
d. nadie _____ (protestar) y solamente algunos _____ (llorar).
e. la gente _____ (creer) que era un castigo divino.
f. no _____ (haber) medicamentos para curarte.
g. la gente lo _____ (ver) como si fuera un superhéroe.

4   **Paseo nocturno**   Por la noche antes de acostarse, Aguayo y su esposa dan un pequeño paseo por el campamento. Mientras caminan, escuchan lo que dicen otras personas. Pero sólo escuchan una parte. Entonces Aguayo y su esposa juegan a imaginar lo que no pudieron escuchar. ¿Cómo completarías tú lo que escucharon Aguayo y su esposa?

1. Si te pica una araña venenosa, _____.
2. Puedes comer otra manzana si _____.
3. Si mañana me acompañas al lago, _____.
4. Si la gente fuera más cuidadosa con la basura, _____.
5. Cuando era chico, mi papá me castigaba si _____.
6. _____ si llueve.
7. Si Juan maltrata a un animal, _____.

5   **El medio ambiente y tú**   ¿Qué piensas tú de las estrategias para mejorar el medio ambiente? Completa las frases hipotéticas a continuación con el condicional o el imperfecto del subjuntivo, según sea necesario.

1. Si tuviera que promover una causa por el medio ambiente, _____.
2. Si _____, preferiría la variedad reciclable.
3. _____ si se explotaran más los recursos naturales.
4. Habría menos riesgo de contaminación si _____.
5. Si _____, protegeríamos la capa de ozono.
6. La energía no se malgastaría si _____.

LECTURA

1 **Antes de leer** Piensa sobre las siguientes preguntas.

1. ¿Qué costumbres que dañan el medio ambiente conoces?
2. ¿Crees tú que la gente sabe que sus costumbres dañan el medio ambiente?

2 **Lectura** Mucha gente no sabe que algunas costumbres dañan el medio ambiente. Otras personas lo saben, pero eligen no cambiar porque sólo miran el presente. No piensan en sus hijos ni en las familias de sus hijos. La noticia periodística que vas a leer ahora muestra el egoísmo y la codicia (*greed*) de una empresa a la que sólo le importa ganar dinero.

Gran explosión en la Selva de Yungas

Orán, 28 de abril de 2002. Científicos del grupo Águila dorada, que tienen un campamento en la Selva de Yungas, informaron que ayer por la noche hubo una gran explosión en el gasoducto Mergas. El fuego podía verse desde kilómetros de distancia. Aún no se tiene mucha información sobre los daños provocados, pero la selva está en peligro.

En 1998, la empresa Mergas quería construir un gasoducto que atravesaría la Selva de Yungas, en el norte de la República Argentina. Muchos ecologistas protestaron: "Quisiéramos que las autoridades controlen esto. Autorizar la construcción del gasoducto es como si autorizaran la destrucción de la selva. Porque si hay un accidente, se quemará gran parte de la selva. El lugar no es adecuado para construir un gasoducto. Hay mucho riesgo." Mergas respondió que estaría todo muy bien controlado: "Tomaremos todas las medidas de seguridad necesarias. Además, contribuiremos con la naturaleza, porque si se construye un gasoducto, los habitantes de la Puna tendrán gas. Si ellos tienen gas, no cortarán y quemarán árboles."

El gobierno de Orán creyó los argumentos de Mergas y autorizó la construcción del gasoducto. La empresa lo terminó de construir en 1999. El año pasado, hubo una pequeña explosión que fue rápidamente controlada. Los grupos ecologistas protestaron, pero el gobierno le creyó nuevamente a Mergas: "No hay peligro. Todo está controlado."

¿Cómo explicará Mergas la explosión que hubo anoche? ¿Seguirá diciendo que no hay peligro? En 1998 dijeron que el gasoducto evitaría que los habitantes de la Puna cortaran y quemaran árboles. ¿Cuántos árboles se quemaron y se quemarán en este accidente? ¿Cuántos animales desaparecieron y desaparecerán? Hay especies de animales y de plantas que solamente crecen en la Selva de Yungas. ¿Se extinguirán esas especies en este gran incendio? ¿Cuánto tiempo llevará recuperar la selva? ¿Se podrá recuperar?

3 **Después de leer**

1. Completa el siguiente cuadro.

	Mergas	Ecologistas
¿Qué es lo que estos grupos querían en 1998?		
¿Cuáles fueron sus argumentos?		

2. Escribe posibles respuestas a las preguntas que hace el periodista en la parte final de la noticia. Escribe oraciones completas.

_____

_____

_____

_____

_____

_____

_____

_____

_____

_____

_____

_____

_____

_____

COMPOSICIÓN

En el campamento donde están Aguayo y su esposa hay muchos chicos este año. Una noche, Aguayo los reunió alrededor del fuego y les explicó cómo cuidar el medio ambiente y cómo evitar catástrofes. También preparó una lista con esas explicaciones para regalarles a los chicos.

1 **Organiza la lista** La lista de Aguayo debe tener cinco o seis recomendaciones. Usa frases hipotéticas con **si** + imperfecto del subjuntivo y condicional. Agrega a las recomendaciones:

- la razón por la que Aguayo hizo esa recomendación
- lo que pasará si no se cuida o no se controla

Si lo deseas, puedes utilizar algunos de los siguientes temas:

- los plásticos y la naturaleza
- los aerosoles y la capa de ozono
- las latas y las botellas en la naturaleza
- cuidar el consumo de energía
- evitar cortar árboles
- el fuego en el campamento y los incendios en los bosques
- los animales en peligro de extinción
- cazar animales
- el petróleo en las aguas
- la basura que tiran las fábricas

2 **Escribe la lista.** Presta mucha atención a la forma de los verbos en las frases hipotéticas y el uso de tiempo futuro en las predicciones.

_____

_____

_____

_____

_____

_____

_____

_____

_____

_____

_____

_____

_____

_____

Workbook

CONTEXTOS

Lección 7
La economía y el trabajo

1 **Fernández y Compañía** Indica con un número cuál es el título adecuado para las distintas situaciones en la compañía del señor Fernández. Escribe la letra del título en el espacio en blanco.

Títulos

a. La reunión de ejecutivos
b. El ascenso laboral
c. La entrevista de trabajo
d. Los empleados piden un aumento de sueldo
e. El despido
f. La recepción de la compañía
g. El ingeniero dirige la obra
h. Firmar el contrato de trabajo

1. _____ En una oficina, un empleado importante está parado detrás de su escritorio. Del otro lado del escritorio hay otro empleado, y los dos están sonriendo y felices. Se están dando la mano.

2. _____ Un grupo de empleados está hablando con un gerente en otra oficina.

3. _____ En la punta de una mesa larga, de frente, está sentado el dueño de la empresa. En los lados de la mesa, hay seis ejecutivos sentados, tres de cada lado, con carpetas y plumas.

4. _____ En el fondo de una oficina se ve una máquina de algún tipo y dos empleados trabajando. Delante de ellos hay otro empleado que les está dando algunas indicaciones a los empleados. Tiene un brazo levantado, señalando la máquina.

5. _____ En otra oficina hay un empleado sentado de un lado de un escritorio. Del otro lado, otro empleado está firmando un papel.

6. _____ En una oficina un gerente está detrás de su escritorio, enojado. Del otro lado del escritorio, un empleado pone cara triste.

7. _____ En la entrada de la compañía la recepcionista atiende un teléfono.

8. _____ Hay una oficina con paredes de vidrio donde hay un escritorio. De un lado, un jefe de personal mira satisfecho un currículum vitae. Del otro lado, está sentada una aspirante joven. Detrás de las paredes de vidrio se ven tres o cuatro sillas, dos de ellas están ocupadas por aspirantes al empleo ofrecido por la empresa.

2 **¿Qué son?** Escribe una descripción o una definición para las siguientes palabras y expresiones.

1. la conferencia

_____

2. el presupuesto

_____

3. cobrar

_____

4. la fábrica

_____

5. la jubilación

_____

6. fijo/a

_____

7. estar al día

_____

3 Diálogos en Fernández y Compañía Completa los pequeños diálogos con las palabras de la lista.

deuda	huelga	proyecto empresarial
dinero	industria	sindicato
dueño de la empresa	intereses	sucursal
currículum	inversores extranjeros	sueldo
empleo	presión	sueldo mínimo
ganancias	préstamo	sueldos

Primer diálogo

—Señor Domínguez, el 1) _____ está planeando una 2) _____.

—¿Cuál es el problema ahora?

—Trabajamos bajo mucha 3) _____. Queremos cobrar más 4) _____ por trabajar en estas malas condiciones.

—Bien, lo discutiré con el 5) _____.

Segundo diálogo

—Señorita Blas, su 6) _____ es muy interesante. Sus estudios y experiencia son adecuados. El 7) _____ es suyo. ¿Puede comenzar a trabajar el lunes próximo?

—¡Claro que sí! ¿Puedo preguntarle cuál es el 8) _____?

—El 9) _____ es de $2.000 por mes.

Tercer diálogo

—Señor Fernández, las 10) _____ han bajado. No podemos pagar los 11) _____ de los empleados.

—¿Podemos conseguir un 12) _____ del banco?

—En este momento, los 13) _____ son altísimos. No creo que sea una buena idea.

—Quizás debamos conseguir 14) _____.

—¿Quién querría invertir en este país?

—Entonces necesitamos un nuevo 15) _____.

4 ¡Felicitaciones! En Fernández y Compañía un empleado está muy contento. Ordena el diálogo para saber por qué está feliz. Escribe un número del 1 al 10 en el espacio en blanco para indicar el orden correcto.

_____ Me alegro porque también ha sido ascendido. El señor Fernández quiere que usted mismo dirija el proyecto.

_____ Señor Pardo, me dijo su secretaria que usted quiere hablar conmigo.

_____ ¡Felicitaciones!

_____ Quiero felicitarlo por ese proyecto, señor Ferrari. Fue aprobado por los ejecutivos de la empresa.

_____ ¿Quiere hablarme sobre el proyecto que le presenté a la compañía?

_____ ¡Ésa es una excelente noticia! ¿Les gustó a todos los ejecutivos?

_____ ¡Ésa es otra excelente noticia, señor Pardo!

_____ A todos, menos al señor Pérez. Pero el señor Fernández cree que el proyecto será un éxito. Quiere que comience a trabajar mañana. ¿Está de acuerdo?

_____ ¡Absolutamente!

_____ Así es, señor Ferrari. Pase y tome asiento, por favor.

ESTRUCTURA

7.1 The neuter article lo

1 **La nueva empleada** Ya hace un mes que Carolina comenzó a trabajar en Fernández y Compañía. Pero todavía le asombran algunas cosas. Completa los pensamientos de Carolina con una palabra de la lista.

barata	exótico	poco
bien cuidado	fácil	rápido
cuidadosas	mal	salvajes
distinguido	molesta	tarde

1. Me dijeron lo _____ que sería el trabajo. Pero no me dijeron lo _____ que sería mi jefa.

2. Me asombra lo _____ que es el edificio y lo _____ que está. Pero lo que me asombra más es lo _____ que es el dueño de la empresa con sus trajes de colores brillantes y sus gafas violetas, y lo _____ que son sus enojos.

3. Me sorprende lo _____ que trabajan aquí los empleados y lo _____ que se les agradece su trabajo.

4. Me parece mentira lo _____ que se resuelven los problemas de la empresa.

5. Es difícil creer lo _____ que llegan todos los gerentes.

6. Me parece increíble lo _____ que es la mano de obra de los empleados.

2 **¿Le molesta o le gusta?** ¿Qué crees tú? ¿Les molestará o les gustará hacerlo? Escribe oraciones usando las palabras dadas. Elige el verbo más adecuado. Sigue el modelo.

> **modelo**
> gerente de una empresa
> gustar - molestar/ despedir empleados
> *Lo que me molesta es despedir empleados.*

1. cocinero
   gustar – molestar / cocinar platos nuevos

   _____

2. sindicalista
   agradar – desagradar / conseguir aumentos de sueldo para los empleados

   _____

3. funcionario de gobierno
   amar – odiar / no saber qué decirles a los periodistas

   _____

4. capitán de un barco
   encantar – detestar / perder el rumbo

   _____

5. médico
   importar – aburrir / curar a las personas

   _____

6. comerciante
   fascinar – doler / tener muchos clientes

   _____

3 **Comentarios del ingeniero** Mientras dirige la obra, el ingeniero de Fernández y Compañía le hace algunos comentarios a su ayudante. Completa los espacios en blanco con **lo** o **lo que**.

1. Todos saben _____ difícil que es armar esta máquina. Pero sé

   _____ bien que trabajan los empleados.

2. _____ el dueño de la empresa quiere es que terminemos mañana.

3. Es importante recordar _____ peligroso que es trabajar bajo presión.

4. ¿Sabes _____ se dijo sobre el presupuesto?

5. El señor Fernández no entiende _____ imposible que es trabajar sin materiales.

6. El señor Fernández tampoco se da cuenta de que _____ ahorra en materiales lo

   pierde en producción.

7. Debería aceptar que _____ piden los empleados es _____ más

   justo: un aumento y seguridad en el trabajo.

4 **El abogado de Fernández y Compañía** El señor Mercado es el abogado de Fernández y Compañía. Felipe, su hijo de 7 años, quiere saber sobre el trabajo de su padre. Responde a las preguntas de Felipe comenzando con **lo**.

1. ¿Qué te gusta de tu trabajo, papá?

   Lo _____

2. ¿Qué es lo más agradable de tu trabajo?

   Lo _____

3. ¿Qué te molesta de tu trabajo?

   Lo _____

4. ¿Qué es lo más odioso de ese lugar?

   Lo _____

5. ¿Es fácil ser abogado?

   Lo _____

6. ¿Es costoso estudiar para ser abogado?

   Lo _____

7. ¿Es peligroso ser abogado?

   Lo _____

8. ¿Qué es lo que más le molesta al señor Fernández de tu trabajo?

   Lo _____

7.2 Possessive adjectives and pronouns

1 **¿De quién hablan?** ¿A qué persona de Fernández y Compañía se refieren los siguientes comentarios? Completa los espacios en blanco con los posesivos que faltan.

1. La señora Fernández habla sobre su esposo:

   _____ esposo tiene hoy una reunión con los ejecutivos de _____ empresa.

2. Mariana y Pedro comentan sobre sus hijos:

   _____ dos hijos son empleados de Fernández y Compañía. Son ayudantes de un ingeniero. Están armando una máquina.

3. Un hijo de Mariana y Pedro le dice a su hermano:

   Lo que más me gusta de _____ jefe es su amabilidad.

4. Antonio y Maite hablan sobre su hija:

   _____ hija consiguió un puesto en Fernández y Compañía. Comenzó a trabajar el lunes pasado.

5. Ana le pide a su cuñado:

   ¿Puedes venir a casa, por favor? _____ hermano está mal. Parece que tuvo un problema en la oficina.

6. Un padre les dice a sus hijos, sobre la madre de los pequeños:

   _____ madre se acostó. Le duele la cabeza. Dijo que hoy los teléfonos de la empresa no dejaron de sonar en todo el día.

2 **¿Es tuyo...?** Escribe preguntas con **ser** y contéstalas usando el pronombre posesivo que corresponde a la(s) persona(s) indicada(s). Sigue el modelo.

> **modelo**
> tú/ chequera/ yo
> —¿Es tuya esta chequera?
> —Sí, es mía.

1. ustedes / contratos / nosotros

   _____

   _____

2. nosotros / deudas / yo

   _____

   _____

3. tú / compañía / nosotros

   _____

   _____

4. ella / fábrica / ella

   _____

   _____

5. ella / currículum vitae / él

   _____

   _____

6. usted / carta de presentación / yo

   _____

   _____

Workbook

3 **Problemas cotidianos** Una computadora se rompe, una cuenta se cierra, un cheque se pierde. Completa los comentarios sobre problemas cotidianos con el posesivo que corresponde a la persona indicada. Cuando sea necesario, agrega el artículo definido adecuado: **el**; **la**; **los**; **las**.

> **modelo**
>
> ¿_____ (tú) computadora se rompió? No te preocupes, puedes usar _____ (yo).
> ¿*Tu computadora se rompió? No te preocupes, puedes usar la mía.*

1. _____ (ella) carro no funciona, pero podemos ir a almorzar en _____ (nosotros).

2. ¡Qué malos tiempos! Los empleados de _____ (yo) empresa están en huelga y los empleados de _____ (tú) también.

3. _____ (yo) cuenta corriente está en números rojos, y la _____ (ustedes) también.

4. _____ (él) amigos trabajan en Buenos Aires, pero _____ (yo) se fueron a trabajar al extranjero.

5. No tengo dinero en _____ (yo) cuenta. ¿Tendrás en _____ (tú)?

6. _____ (yo) cheque fue cancelado y _____ (tú) también.

7. Aumentaron _____ (ellos) sueldos, pero no aumentaron _____ (nosotros).

4 **Durante el almuerzo** Durante la hora del almuerzo los empleados de Fernández y Compañía tratan de conocerse mejor. Completa lo que dicen Juan, Manuel y Agustín con los posesivos adecuados. Cuando sea necesario, agrega también el artículo definido correspondiente.

AGUSTÍN 1) _____ esposa es maestra y trabaja con niños de siete años.

MANUEL 2) _____ se ocupa de cuentas corrientes y cuentas de ahorro. Es empleada bancaria.

JUAN Yo soy soltero y vivo con 3) _____ padres y 4) _____ hermano.

MANUEL 5) _____ películas preferidas son las de acción. ¿Y 6) _____?

JUAN No me gusta el cine.

AGUSTÍN A mí tampoco, pero a 7) _____ esposa le gustan las películas viejas. 8) _____ es el deporte.

JUAN Yo detesto el deporte. 9) _____ pasatiempo preferido es la música.

MANUEL ¡Ahh! ¿Es 10) _____ la guitarra que vi en la oficina?

JUAN Sí, es 11) _____. Después del trabajo, nos reunimos en la casa de un amigo 12) _____ y tocamos un poco. A 13) _____ amigos y a mí nos gusta el rock. 14) _____ músicos preferidos son ...

AGUSTÍN ¡No te molestes en nombrarlos! No sé nada de música.

MANUEL Parece que 15) _____ gustos son muy distintos.

7.3 Relative pronouns

1 **Un grupo de ayuda para gente que busca trabajo** Es muy triste estar desempleado. Por eso, hay gente que se reúne para ayudarse en esos momentos en que no tiene trabajo. El grupo de ayuda de la ciudad de Rosario se reúne todos los jueves por la mañana para contar sus historias y darse consejos. Empareja las oraciones de la Columna A con las cláusulas de la Columna B. Escribe las cláusulas en los espacios en blanco.

Columna A

1. La fábrica _____ cerró hace cuatro años. Desde entonces no he podido conseguir trabajo.

2. Las dos cocineras, _____, me dijeron que allí tendría futuro.

3. Llené el formulario _____, pero no creo que lo lean.

4. El dueño de la empresa, _____, me pidió que trabajara con él.

5. ¿Qué es _____? Conseguir un empleo.

6. El jefe, _____, se jubiló. El nuevo jefe me despidió.

7. En este tiempo sin trabajo gasté todo el dinero _____.

8. El abogado _____ me dijo que cobraría la mitad de mi sueldo.

Columna B

a. en que trabajé durante doce años

b. que había ahorrado en mi vida

c. que trabaja en la empresa

d. que me dio la empleada

e. lo que quiero

f. con quien trabajé toda la vida

g. quienes me ayudaron mucho

h. quien es mi amigo

2 **La historia de Marcos** Marcos tiene 40 años. Trabajó en muchos lugares, y le cuenta al grupo su historia. Decide qué expresiones debes usar y tacha las formas incorrectas.

1. Esa mañana llevé al banco mi currículum vitae, <u>que   la que   en que</u> había escrito con mucho cuidado.

2. La empleada de la oficina, <u>de quien   quien   cuya</u> era muy amable, me dijo que llenara la solicitud.

3. A las dos semanas tuve que firmar un contrato <u>en el que   con el que   por el que</u> decía que cobraría $2.000 por mes.

4. Primero trabajé en dos sucursales, <u>cuyos   cuya   cuyas</u> gerentes eran personas muy amables.

5. Pero luego me enviaron a otra sucursal. El gerente, <u>por quien   de quien   con quien</u> no había hablado antes, era muy desagradable.

6. El trabajo <u>con el cual   para el cual   el cual</u> me habían contratado era manejar las cuentas corrientes de los clientes más importantes.

7. Mi oficina era muy linda. Había plantas y tenía una secretaria, <u>a quien   en quien   de quien</u> estaba enamorado.

8. Ella dijo que yo la trataba mal. Esa fue la razón <u>por la que   de la que   en la que</u> me despidieron.

3 **La historia de Susana** Susana tiene 57 años. Lleva dos años buscando trabajo. Hoy está muy nerviosa y sus oraciones son breves y confusas. Reescribe lo que dice, uniendo cada par de oraciones por medio de un pronombre relativo, como en el modelo. Haz otros cambios que consideres necesarios.

> **modelo**
>
> Yo trabajaba en un comercio. El comercio tenía cuatro empleadas.
> **Yo trabajaba en un comercio que tenía cuatro empleadas.**

1. Yo no tenía experiencia en ese trabajo. Ese trabajo me interesaba mucho.

   _____

2. Era un comercio de ropa para hombres. La ropa para hombres era muy buena.

   _____

3. Yo no tenía que vender la ropa, sino que tenía que cobrar las ventas. Las ventas eran pocas.

   _____

4. A los dos meses el dueño me dio un aumento de sueldo. Yo le había pedido ese aumento de sueldo.

   _____

5. Un día, el dueño del comercio me dijo que tenía problemas con la cuenta corriente. No podía resolver esos problemas.

   _____

6. También me dijo que los impuestos del comercio eran muy altos. Yo trabajaba en ese comercio.

   _____

4 **Un empleo para un desempleado** En el grupo de ayuda, se leen avisos clasificados y otros pedidos de personas para trabajar. Lee los avisos y completa las oraciones a continuación con cláusulas encabezadas por pronombres relativos.

Camarero/a

Entre 25 y 30 años.
Amable y trabajador(a).
Con o sin experiencia.
Restaurante de lujo.
Pedir entrevista al
220-405.
Calle Chorroarín 234.
Quilmes.

Contador(a)

Contador(a). Con experiencia en temas financieros y manejo de cuentas corrientes. Entre 30 y 55 años. Empresa La Hoja, exportaciones de té. Enviar currículum vitae completo a Casilla de correo 1000, Lanús.

**Profesor(a)
de lengua
española.**

Para clases individuales.
Soy alemán y debo viajar a Venezuela en tres meses, para trabajar allí. En Venezuela debo comunicarme en español.
Llamar al teléfono
345-405. Andrés.

1. El restaurante busca una persona _____.
2. Esa persona, _____, puede no tener experiencia.
3. Las personas _____ deben ir al barrio de Quilmes, _____.
4. La empresa *La Hoja*, _____, busca un contador o contadora.
5. Las personas _____ deben enviar un currículum vitae.
6. Andrés, _____, tiene que aprender español.
7. Andrés viajará a Venezuela, país _____.

7.4 Transitional expressions

1 **María cuenta su experiencia** María también se reúne con el grupo y cuenta la historia de su vida laboral. Ordena las oraciones en su historia, colocando números en los espacios en blanco. Para hacerlo, ten en cuenta las expresiones de transición.

_____ a. Finalmente me despidieron. Yo era demasiado lenta.

_____ b. Al principio me gustaba ese trabajo, pero luego me di cuenta de que trabajaba muchas horas y mi sueldo era muy bajo.

_____ c. Entonces busqué otro empleo.

_____ d. Hoy fui a la entrevista.

_____ e. Primero trabajé como cocinera en un lugar de comidas rápidas.

_____ f. Mientras trabajaba en el comercio, estudié español.

_____ g. Ayer me llamaron para trabajar en un nuevo restaurante.

_____ h. Ojalá me elijan. Necesito trabajo.

_____ i. Pude entrar a trabajar en un comercio importante. Yo estaba a cargo de la caja.

2 **Marcos encuentra trabajo** Marcos estuvo en el grupo por cuatro meses. El lunes encontró trabajo. Por eso, hoy fue a la reunión para ayudar a sus compañeros que todavía no tienen empleo. Incluye en su relato las expresiones de transición de la lista. Puedes usar algunas expresiones más de una vez.

además	por eso
al contrario	por esta razón
debido a eso	por otra parte
del mismo modo	por un lado
mientras que	sin embargo

Hoy estoy muy contento, 1) _____ ven en mi cara una sonrisa. ¡Encontré trabajo!

2) _____, no es un mal trabajo, 3) _____, es realmente muy bueno.

¿Recuerdan que dos meses atrás escribí una carta a la multinacional *Chispitas* y otra a la industria

Juanjo? ¡No lo van a creer! 4) _____, recibí una llamada telefónica de la multinacional,

5) _____, me enviaron una carta de la industria. Primero pensé que era una broma. 6)

_____, los dos mensajes eran bien reales. Esta semana tuve las dos entrevistas. 7)

_____ en *Chispitas* me ofrecían un sueldo mínimo y un contrato por tres meses, en

Juanjo me darían un trabajo permanente y un sueldo muy bueno. 8) _____, tomé el

trabajo en la industria. Debo controlar su lugar en la bolsa de valores y analizar la situación financiera

de las compañías parecidas a ella. 9) _____, tengo que hablar con posibles inversores

para que la compañía mejore su situación financiera. Ayer comencé con el trabajo. 10)

_____ hoy ya me siento bajo presión. 11) _____, estoy feliz porque ya

puedo ganarme la vida y devolver el dinero que me habían prestado mis amigos. Prefiero la presión

del trabajo a la tristeza del desempleo.

3 **Héctor busca trabajo** Héctor es especialista en finanzas. Llegó a Rosario hace cuatro meses. Desde ese momento, busca trabajo. No sabe expresarse muy bien, y nunca usa expresiones de transición. Reordena las ideas de Héctor colocando números en los espacios en blanco.

_____ ya gasté casi todos mis ahorros

_____ busqué trabajo por dos meses

_____ tuve dos entrevistas

_____ el currículum tenía problemas de redacción

_____ no sé hablar bien español

_____ el empresario me dijo que me iba a llamar

_____ no me pidieron que trabajara en ninguna empresa

_____ me quiero quedar en Rosario

_____ traduje mi currículum vitae al español

_____ llegué a Rosario

_____ estuve tomando clases de español

_____ estudié la situación financiera de algunas empresas

_____ no encontré ningún trabajo

_____ envié cartas a siete empresas

_____ creo que debo volver a mi país

4 **Héctor se expresa mejor** Escribe oraciones conectando las ideas de Héctor que aparecen en la lista del ejercicio 3. Conecta las oraciones con expresiones de transición. Agrega otros detalles si son necesarios.

1. _____

2. _____

3. _____

4. _____

5. _____

6. _____

5 **Consejos para gente que busca empleo** En la reunión, hubo varias ideas importantes. Completa esos consejos. Ten en cuenta las expresiones de transición.

1. Dado que las empresas quieren gente que esté informada de lo que pasa en la actualidad, es muy importante que _____.

2. El currículum vitae debe verse ordenado, además _____.

3. Allí se debe escribir sobre la vida laboral, sin embargo _____.

4. En la primera entrevista no debes parecer nervioso, al contrario _____.

5. Puedes hacer varias cosas para no estar nervioso en tu entrevista de trabajo. En primer lugar, _____, por otra parte, _____.

6. Finalmente, _____.

7. En la entrevista debes verte elegante pero no demasiado moderno, porque _____.

8. _____ por eso no es bueno llamar por teléfono para saber si fuiste elegido.

LECTURA

1 **Antes de leer** Lee el título del texto y contesta las preguntas.

1. ¿Crees que en tu ciudad hay discriminación hacia la mujer? ¿Por qué?
2. ¿Conoces algún caso en que una mujer haya sufrido discriminación en el trabajo? Coméntalo.

2 **Lectura** Lee el texto.

Discriminación sexual en el trabajo

En la mayoría de los países latinoamericanos hay leyes que defienden los derechos de las mujeres. Uno de esos derechos es el del derecho a la igualdad de posibilidades para el trabajo. Sin embargo, en muchos casos, este derecho no se cumple.

Lo más grave es que las mujeres en peor situación laboral son las que pertenecen a los grupos más pobres de la población. Las grandes empresas les pagan mucho menos que a los hombres que tienen los mismos empleos. Por otra parte, los sueldos de las mujeres muy pocas veces superan los sueldos mínimos. Además, aquéllas que realizan trabajo doméstico trabajan unas pocas horas en cada casa. Y ni tienen sueldos fijos ni trabajan con contratos, por lo que esas mujeres no tienen derecho a las vacaciones y en el futuro no cobrarán jubilación.

La pobreza y las políticas de los países, en muchos casos guiadas por los grandes grupos multinacionales, no sólo perjudican a las mujeres. También, toda la región está sufriendo una baja de los sueldos. Sin embargo, las mujeres son las más perjudicadas. Y esto es muy dramático, porque en muchos hogares son ellas quienes mantienen a los hijos. Por lo tanto, las mujeres y los niños constituyen la mayoría de los pobres.

Las estadísticas en la Argentina muestran que:

- Las mujeres son el 51,1% de la población total.
- A fines de los años 80 y principios de los 90, aumenta la cantidad de mujeres jefas de hogar. Este aumento es general e involucra grupos pobres y no pobres, pero en el grupo de pobres, ha aumentado un 44%.
- Más de la mitad de las mujeres jefas de hogar trabaja sin contrato.

3 **Conclusión del texto** El texto leído no tiene conclusión. Escribe un breve párrafo que sirva de conclusión, para incluirlo al final del texto.

_____

_____

_____

_____

_____

_____

_____

_____

_____

COMPOSICIÓN

Si quieres encontrar trabajo, además de enviar tu currículum vitae, es conveniente escribir una carta de presentación. ¿Te acuerdas de Marcos? Imagina que tú eres él y que acabas de leer un aviso en el que se solicita gente para trabajar en un banco.

1 **Planifica la carta** Primero planifica la carta. Relee la historia de Marcos y planifica su carta de presentación, respondiendo a las siguientes preguntas.

1. ¿Qué sabes de la empresa?

   _____

   _____

2. ¿Para qué escribes la carta?

   _____

   _____

3. ¿Qué sabes hacer?

   _____

   _____

4. ¿Por qué es importante que la empresa te contrate a ti?

   _____

   _____

   _____

2 **Redacta la carta** Redacta la carta, incluyendo la información a continuación.

1. Tu información: tu nombre, tu dirección, la fecha
2. La información de tu destinatario/a (*addressee*): su nombre, su título, el nombre de su compañía, su dirección
3. Un saludo como **Estimado/a** con el nombre del / de la destinatario/a
4. En el primer párrafo: lo que sabes de la empresa y cómo supiste de este trabajo; explicación de por qué escribiste la carta
5. En el segundo párrafo: lo que sabes hacer
6. En el tercer párrafo: repetición de tu interés en tener una entrevista; agradecimiento a quien ha leído tu carta
7. Una despedida como **Atentamente** con tu nombre y firma

   _____

   _____

   _____

   _____

   _____

   _____

   _____

   _____

CONTEXTOS

Lección 8
La religión y la política

1 **Los cargos públicos** El Partido Alianza de la provincia de Los Montes se formó hace muy poco tiempo. Un grupo de ciudadanos decidió reunirse para hacer algo, porque están cansados de la corrupción política. Hoy las personas más importantes del grupo están reunidas en el apartamento que funciona como centro del partido. Están decidiendo a qué cargos se presentarán como candidatos. Completa las oraciones con la palabra más adecuada de la lista.

alcaldesa	discursos	ministra
cargo	embajadora	pronuncia
diputadas	inscribirse	renunció
discriminación	juicios	senador

1. Como _____ de la ciudad capital se presentará Margarita Arredondo, una anciana muy famosa por su lucha contra la corrupción.

2. Una de las _____ será Miranda Flores, una joven periodista.

3. Martín Aguirre quiere ser el segundo diputado. Martín _____ buenos _____. Ahora les está leyendo uno a sus compañeros.

4. El _____ de la provincia podrá ser Adalberto Martínez, un señor mayor y gordo.

5. Marta Blanco quiere ser _____ de educación. Ella ha trabajado como maestra, y ha luchado contra la _____ en las escuelas.

6. Ninguno quiere _____ como presidente porque saben que no ganarán ese _____ en el país. Emilio Sánchez lo había considerado. Él fue senador de otro partido, pero _____ al ver que en su partido había corrupción.

7. Marcela Morelo quiere presentarse como _____ en Japón. Ella es hija de japoneses y conoce muy bien ese país.

2 **Razones** Lee nuevamente las descripciones de los candidatos. ¿Cuáles de ellos tienen buenas razones para presentarse como candidatos de los cargos elegidos? ¿Por qué?

_____
_____
_____
_____
_____
_____
_____
_____
_____
_____

3 **Una cuestión de palabras** Los candidatos del Partido Alianza tienen que elegir el lema *(motto)* de la próxima campaña política. Ahora están pensando listas de palabras que utilizarán. Una de las expresiones o de las palabras de cada lista no pertenece al grupo. Tacha esa expresión o palabra y en el espacio en blanco explica por qué no pertenece a esa lista.

1. alcalde   diputada   ministro   senador

_____ no pertenece porque _____

2. derechos humanos   igualdad   libertad   discriminación

_____ no pertenece porque _____

3. juez   juicio   Dios   tribunal

_____ no pertenece porque _____

4. espiritual   ejército   Dios   sagrado

_____ no pertenece porque _____

5. dictadura   democracia   ministro

_____ no pertenece porque _____

6. fuerzas armadas   partidos políticos   juicio   pueblo

_____ no pertenece porque _____

7. presentarse como candidato   pronunciar un discurso   gobernar   votar

_____ no pertenece porque _____

8. no votar   quejarse   luchar   informarse

_____ no pertenece porque _____

4 **Ideas para el lema de la campaña** Finalmente, pudieron escribir varias ideas importantes para la campaña. Con esas ideas van a escribir el lema del partido. Escribe las palabras que faltan. Usa las palabras de la lista.

democracia	injusto	partidos políticos
derechos humanos	jueza	pueblo
discriminación	libertad	quejas
igualdad	minorías	tratado

1. La única forma justa de gobierno es la _____.

2. Los _____ deben defender al pueblo.

3. Un buen partido es aquel que defiende los _____.

4. Nuestro partido cree en la _____ de todos los ciudadanos, las mayorías y las

_____.

5. Debemos defender la _____ de prensa.

6. Estamos cansados de las _____. Llegó el momento de luchar desde el gobierno.

7. Un país en que no se respetan los derechos humanos es un país _____.

5 **El lema** Escribe el lema del partido usando las ideas del ejercicio 4.

_____

Workbook

ESTRUCTURA

8.1 The passive voice

1 **Lectura de noticias** Para poder gobernar bien un país, los políticos deben informarse bien y ser críticos. En la reunión del Partido Alianza se discutieron algunas noticias. Empareja las dos partes de los titulares *(headlines)* para comprender cuáles eran esas noticias.

1. Un grupo de latinoamericanos
2. Fue aprobada
3. Ayer fue realizada
4. La política del líder Alfredo Gutiérrez
5. Serán investigados
6. No serán aceptadas

a. fue criticada por los países europeos
b. fue discriminado por su nacionalidad
c. la ley que prohíbe el uso de teléfonos celulares en los bancos
d. una marcha contra los nuevos impuestos
e. las renuncias de los Ministros de Educación y de Justicia
f. los jueces de la Corte Suprema

2 **Historias de candidatos** Para los integrantes del Partido Alianza no es fácil decidir cuál será su candidato a presidente. Aunque sepan que no ganará, deben elegir lo mejor posible. Lee las historias de estos candidatos y coloca los verbos entre paréntesis en el participio adecuado para formar correctamente la voz pasiva.

Emilio Sánchez fue senador del Partido de la Justicia. Comenzó su vida política a los 21 años, cuando fue 1) _____ (elegir) presidente del centro de estudiantes de su universidad. Luego participó en el Partido de la Justicia por 23 años. Fue diputado y senador. Era 2) _____ (querer) por la mayoría de su partido, pero él no estaba seguro de querer seguir en el partido. Muchos actos corruptos fueron 3) _____ (realizar) por ese partido. Por eso, decidió formar parte del Partido Alianza. Él cree que la justicia y la libertad deben ser 4) _____ (defender) siempre.

María Bustamante tiene 35 años y por eso muchos creen que no puede ser candidata a presidente. La juventud es 5) _____ (considerar) signo de debilidad. Además, María es mujer, y hay gente que piensa que las mujeres son 6) _____ (dominar) más fácilmente. Pero no es cierto. Aunque es joven, María ha luchado por los derechos de las minorías y fue 7) _____ (premiar) por muchas organizaciones internacionales. Los integrantes del Partido Alianza creen que María puede ser una excelente candidata.

Marcelo Roig es médico. A los 25 años fue 8) _____ (arrestar) por participar en un grupo de defensa de los derechos humanos. La democracia nunca ha sido 9) _____ (respetar) en este país. Cuando fue 10) _____ (poner) en libertad, Marcelo fue líder de un grupo de obreros. Luego se dedicó a la política, pero no fue 11) _____ (aceptar) por ningún partido, porque había estado preso. Los del Partido Alianza no creen que eso importe.

3 **Volver a escribir** Elige cinco oraciones de los textos del ejercicio 2 que estén en voz pasiva. Escríbelas en voz activa. Sigue el modelo.

> *modelo*
> Muchos actos corruptos fueron realizados por ese partido.
> **Ese partido realizó muchos actos corruptos.**

_____

_____

_____

_____

_____

4 **Discusión para la campaña** Los integrantes del Partido Alianza deben dar a conocer sus propuestas de gobierno, por eso escribieron una lista. Hay cinco oraciones en voz activa. Transfórmalas a la voz pasiva. Sigue el modelo.

> *modelo*
> Todos los ciudadanos elegirán a los diputados.
> **Los diputados serán elegidos por todos los ciudadanos.**

- Presentaremos la ley anticorrupción.
- Los ministros harán reuniones semanales para discutir los problemas de gobierno.
- Todos los integrantes del partido recibirán los mensajes de los ciudadanos.
- El Ministerio de Justicia dará información sobre todos los jueces.
- Ninguna persona será discriminada por su sexo, raza, nacionalidad o creencias.
- Todas las religiones serán respetadas.
- Dejaremos en libertad a todos los presos políticos.

_____

_____

_____

_____

_____

5 **Elige tú** Vuelve a leer los textos del ejercicio 2. Escribe el nombre del que te parece el mejor candidato. Escribe cinco oraciones para explicar por qué lo elegiste, comentando la vida de ese candidato. Usa la voz pasiva en cada oración.

Nombre del mejor candidato: _____

_____

_____

_____

_____

_____

8.2 Constructions with se

1 **Explicación** El nieto de Margarita Arredondo no entiende bien por qué su abuela dice que no viven en una verdadera democracia. Para que lo entienda, Margarita le explica lo que pasa en un país democrático y lo que pasa en su país. Escribe los verbos entre paréntesis en la forma adecuada.

En una verdadera democracia ...

- se 1) _____ (tener) el derecho a votar. Todas las personas mayores de cierta edad pueden hacerlo.
- se 2) _____ (votar) en secreto.
- se 3) _____ (respetar) los derechos humanos universales.
- no se 4) _____ (prohibir) informarse sobre lo que uno quiera.
- todos los habitantes se 5) _____ (poder) presentar como candidatos.

2 **Problemas para entender** El nieto de Margarita no entiende algunas noticias. Por eso ella se las explica de distintas maneras. Para cada oración, elige las dos letras de las frases que significan lo mismo, una de la Columna 1 y una de la Columna 2. Escribe las dos letras en los espacios en blanco.

Columna 1	Columna 2
a. El Ministro de Educación fue aprobado por la noticia.	h. Se investiga a los jueces.
b. La alcaldesa fue echada de su cargo.	i. Se echó a la alcaldesa de su cargo.
c. Los jueces son investigados por los diputados.	j. Se siguió con una época de democracia.
d. La democracia fue seguida por una época de dictadura.	k. Se investiga a los diputados.
e. La dictadura fue seguida por una época de democracia.	l. Se aprobó al Ministro de Educación.
f. La noticia fue aprobada por el Ministro de Educación.	m. Se aprobó la noticia.
g. Los diputados son investigados por los jueces.	n. Se siguió con una época de dictadura.

1. Una época de dictadura siguió a la democracia. ___ y ___
2. Los jueces investigan a los diputados. ___ y ___
3. Las fuerzas armadas echaron a la alcaldesa. ___ y ___
4. Una época de democracia siguió a la dictadura. ___ y ___
5. La noticia aprobó al Ministro de Educación. ___ y ___
6. Los diputados investigan a los jueces. ___ y ___
7. El Ministro de Educación aprobó la noticia. ___ y ___

3   **Anuncios**   En el apartamento, los integrantes del Partido Alianza están preparando y organizando noticias, ideas y reglas internas. Escribe las oraciones de esos anuncios. Todas comienzan con **se**.

1. prohibir / fumar

_____

2. realizar / elecciones / próximo 30 de noviembre

_____

3. perder / discurso que escribió Emilio

_____

4. comunicar / el candidato del Partido de la Justicia / pasado viernes

_____

5. hablar / con respeto

_____

6. hacer / dos juicios / abogados del ex-presidente

_____

7. deber rechazar / proyecto de ley del Partido de la Justicia

_____

8. violar / derechos humanos / provincia de Santa Fe

_____

_____

4   **Cuestiones de creencias**   Un grupo de personas del Partido Alianza escribió un texto para distribuir. Pero el texto podría ser más específico. Por eso, están considerando reescribirlo. Transforma las oraciones impersonales con **se**, en oraciones en voz pasiva o voz activa. Reescribe el texto, cambiando las oraciones subrayadas. Puedes usar las palabras de la lista si lo deseas.

las fuerzas armadas
la gente
los gobiernos anteriores
nosotros
los políticos

1) Se dice que vivimos en una democracia. Pero no es cierto. En el fondo, nuestra democracia es una especie de dictadura. 2) En nuestro país, no se han respetado los derechos humanos. 3) Se ha asesinado gente por sus ideas. 4) No se permite la lucha de ideas. 5) Se ha perdido la libertad de prensa. 6) No se escucha a las minorías. 7) No se respeta la igualdad de la ley para todos los ciudadanos. 8) La corrupción se encuentra dentro del mismo gobierno. 9) No se cumplen los tratados internacionales.

¡El Partido Alianza tiene una propuesta distinta! Ante todo la ley, la igualdad, la libertad de prensa, la seguridad. Nosotros respetaremos al pueblo. Creemos que juntos podemos crear un país distinto.

_____

_____

_____

_____

_____

_____

_____

8.3 Past participles as adjectives

1 **Elecciones en la escuela** Diego ha sido elegido por su partido como candidato a presidente del centro de estudiantes. Lo consideran un buen candidato, pero Diego tiene que aprender a hablar sobre política. Ayuda a Diego con los adjetivos adecuados para cada sustantivo. Elige de la lista por lo menos dos participios adecuados para los sustantivos. Haz todos los cambios necesarios.

aprobado	elegido	prohibido
confundido	gobernado	revisado
criticado	indeseado	temido
despedido	organizado	votado

1. las leyes _____ _____

2. los senadores _____ _____

3. el discurso _____ _____

4. la dictadura _____ _____

5. los candidatos _____ _____

6. las embajadas _____ _____

7. el proyecto de ley _____ _____

8. la campaña _____ _____

9. el país _____ _____

2 **Entrevista a dos candidatos** Julieta, una periodista del periódico de la escuela, prepara una entrevista para que todos conozcan mejor a dos candidatos para el centro de estudiantes: Marina y Diego. Completa las preguntas que Julieta prepara para Marina con el participio del verbo entre paréntesis.

1. ¿Por qué crees que estás _____ (preparar) para ser presidenta del centro de estudiantes?

2. ¿Estás _____ (informar) sobre las necesidades de la escuela y de los estudiantes?

3. ¿Estás _____ (preocupar) por los otros candidatos?

4. ¿Estás _____ (asustar)?

5. ¿Por qué estás _____ (enojar) con el presidente actual del centro de estudiantes?

6. ¿Estás _____ (sorprender) de que Diego acepte ser candidato a presidente?

7. ¿Crees que Diego esté _____ (confundir) con esta situación?

3 **Preguntas para Diego** ¿Qué cambios debe hacerle Julieta a sus preguntas para entrevistar a Diego? Escribe las preguntas que Julieta preparó para Diego.

_____

_____

_____

_____

_____

_____

_____

4 **Mientras se cuentan los votos** ¿Cómo se ven los candidatos a presidente del centro de estudiantes mientras se cuentan los votos? Completa las frases usando **estar +** el **participio pasado** de uno de los verbos de la lista. Hay dos que no debes usar.

callar	enojar
cansar	lastimar
despeinar	marear
divertir	relajar

1. Marina no ha tenido tiempo últimamente de hacer nada. Esta mañana hasta se le olvidó mirarse en el espejo antes de salir de la casa. Por eso Marina _____ _____.

2. Juan no durmió anoche. Tampoco durmió la noche anterior. Ha pasado las últimas tres semanas trabajando duro para ganar las elecciones. Hoy él _____ _____.

3. Martín está muy nervioso, y la cabeza le está dando vueltas. Evidentemente, Martín _____ _____.

4. Antonio no sabe ni qué decir. No tiene ganas de hablar con nadie. Antonio _____ _____.

5. Carina durmió muy bien anoche. Se siente muy bien y tiene mucha confianza en sí misma. Carina _____ _____ y por eso sonríe.

6. Diego piensa que todo este proceso es muy cómico. Le encanta hablar con sus compañeros y ser candidato para presidente. No le importa tanto si gana o pierde, así que _____ _____.

5 **Después de que se contaron los votos** Julieta entrevista a los seis candidatos. Les hace solamente una pregunta. Mira los verbos de la lista y escribe la pregunta que les hizo Julieta a los candidatos. En la pregunta debes usar **estar + participio pasado.** Hay dos verbos en la lista que no debes usar.

aliviar	enojar
asombrar	esconder
cansar	lastimar
deprimir	sorprender

1. **MARINA** ¡Qué feliz estoy! ¡No lo puedo creer!
   JULIETA ¿Por qué _____ _____?

2. **JUAN** ¡No quiero hablar con nadie! ¡Esto es una injusticia!
   JULIETA ¿Por qué _____ _____?

3. **MARTÍN** ¡Qué tristeza siento! Creo que voy a llorar.
   JULIETA ¿Por qué _____ _____?

4. **ANTONIO** De verdad no importa si perdí. Me siento muy tranquilo porque en realidad no quería la responsabilidad de ser presidente.
   JULIETA ¿Por qué _____ _____?

5. **CARINA** ¿Cómo? ¿Qué? ¿No gané? ¡No es posible!
   JULIETA ¿Por qué _____ _____?

6. **DIEGO** No pienso salir de debajo de esta mesa.
   JULIETA ¿Por qué _____ _____?

8.4 Pero, sino, sino que, no sólo, tampoco

1 **Comentarios en la oficina** Es época de elecciones nacionales. Durante el almuerzo, los empleados opinan y discuten. Completa el diálogo con **sino** o **sino que**.

SERGIO ¡Estás equivocado! Pérez no se oponía a la reforma constitucional, 1) _____ la apoyaba.

MANUEL ¿No recuerdas? Él no quería que los ministros fueran sometidos a juicio,

2) _____ quería que todo siguiera igual que antes.

MIGUEL ¡Los dos están equivocados! El diputado que se oponía a la reforma constitucional no era Pérez, 3) _____ Pereyra. Y el diputado que no quería que los ministros fueran sometidos a juicio tampoco era Pérez, 4) _____ Gómez. Pérez es el diputado que lucha para que se trate el proyecto de ley para mejorar la educación.

SERGIO ¡Como siempre, Miguel! No vienes cuando te llaman, 5) _____ vienes cuando tú quieres y además traes problemas. Pérez nunca luchó para mejorar la educación,

6) _____ los derechos de las minorías.

2 **Declaraciones de un candidato a presidente** Julián Cabrera es un candidato a presidente muy discutido. En una entrevista de televisión, Cabrera aclara cuáles son sus ideas y sus proyectos. Cuando sea posible, completa las declaraciones de Cabrera con **No sólo**.

1. _____ terminaré con la dictadura, sino que haré juzgar a los dictadores.

2. _____ liberaré a los presos políticos, sino que les pediré públicamente disculpas.

3. _____ no estuve fuera del país, sino preso.

4. _____ no viajé para reunirme con el presidente del Banco Mundial, sino que él viajó para reunirse conmigo.

5. _____ no prohibiré la libertad de ideas, sino que la defenderé.

6. _____ permitiré la libertad de cultos, sino que castigaré a quien se oponga a esa libertad.

7. _____ me ocuparé de la educación, sino que también me ocuparé de la salud y de la seguridad.

8. _____ no soy ateo, sino creyente.

3 **Discutir en público** *Hora cero* es un programa de televisión en el que los domingos por la noche se entrevista a dos o tres personajes del mundo de la política. Completa la discusión entre dos miembros de partidos políticos opositores con **pero, sino, sino que, no sólo, tampoco.**

ELISA MARTÍNEZ La solución no es mejorar el estado, 1) _____ privatizarlo.

El estado es el culpable de todos los males.

JULIÁN CABRERA Usted dice que el estado es el culpable de todos los males, 2) _____ eso

es falso. Por ejemplo, en Noruega, Suecia y Dinamarca los servicios públicos son

del estado y 3) _____ funcionan bien, 4) _____ además esos

tres países tienen un excelente desarrollo.

ELISA MARTÍNEZ 5) _____ nuestro país no se puede comparar con Noruega, ni con

Suecia y 6) _____ con Dinamarca.

JULIÁN CABRERA Yo creo que al estado hay que mejorarlo, 7) _____ no creo que se

pueda mejorar con un proyecto liberal. El proyecto liberal no ha funcionado en

ningún país del mundo y 8) _____ va a funcionar en este país.

ELISA MARTÍNEZ Hace 40 años que estudio este estado. Hubo muchos proyectos para mejorarlo.

9) _____ el estado no mejora, 10) _____ empeora.

JULIÁN CABRERA Insisto en que el problema no es el país 11) _____ la filosofía

liberal, porque ...

ELISA MARTÍNEZ Y yo insisto en que se olvide de criticar el proyecto liberal y que proponga una

solución clara para este país.

4 **El plan de gobierno de Elisa Martínez** En su campaña política Elisa Martínez presentó su plan de gobierno. Escribe una continuación posible de sus ideas.

En nuestro país, se ha perdido confianza en la educación. La gente tampoco _____

_____.

Pero yo prometo que _____. Durante el gobierno del presidente

Ortiz se aprobaron leyes que defendieron a los responsables de la dictadura. Pero el pueblo

_____ sino que _____. Yo prometo

no sólo _____ sino también _____.

En economía prometo no sólo ocuparme de _____ sino también de

_____.

LECTURA

1 **Antes de leer** Piensa sobre las preguntas a continuación.

1. ¿Qué se piensa de las mujeres que ocupan un cargo público?
2. ¿Se cree que una mujer pueda ser una buena presidenta del país?
3. ¿Votarías por una candidata femenina para una elección nacional? ¿Por qué?
4. ¿Es el sexo del/de la candidato/a una característica importante en el momento de votar?

2 **Lectura** La siguiente nota fue publicada por el diario *La voz del pueblo* en un momento en el que se acercan las elecciones nacionales. Uno de los candidatos más discutidos es una mujer. Primero lee el título de la nota y el primer párrafo. ¿Qué problema se discute en la nota? Luego lee la nota completa.

LA MUJER EN EL MUNDO DE LA POLÍTICA ARGENTINA

En los últimos 30 años, se han aprobado leyes que defienden la igualdad de sexos. Pero en la práctica, todavía hoy, la posición de la mujer sigue siendo desfavorable. Esta situación se observa también en el terreno político. Argentina es un país con muchas mujeres inteligentes dedicadas a la lucha política. Pero, ¿tienen ellas poder? Este problema fue discutido por Jorge Santiago, periodista del diario Buenos Aires Herald, en una nota del 8 de noviembre de 1998.

Santiago observa que la historia argentina muestra la temprana participación de mujeres influyentes en el terreno político del país. Eva Perón apareció en el escenario político en una época en la que la mujer no tenía derecho a votar. Más tarde, María Estela Martínez de Perón se hizo cargo de la presidencia de la nación cuando murió su esposo, Juan Domingo Perón, en 1974. En los años 90, Graciela Fernández Meijide no sólo le ganó al peronismo la gobernación de la provincia de Buenos Aires, sino que le ganó por una amplia mayoría. Susana Decibe no sólo fue la primera mujer en la historia argentina en ocupar un puesto en un gabinete de gobierno, sino que también fue la única mujer en la administración de Menem.

En los años 90, fue aprobada una ley que exige que el 30% de los candidatos de cada partido político deben ser mujeres. Desde ese año, el número de mujeres legisladoras ha aumentado en este país. Actualmente, son mujeres el 28,4% de la Cámara Baja del Congreso Nacional y el 35% de la Legislatura de la Ciudad de Buenos Aires. Con estos números, Argentina está al frente de muchos países desarrollados. En Alemania, la representación femenina en el gobierno (30,9%) no es superior a la de Argentina, tampoco lo es la representación femenina en Inglaterra (18,2%), ni en Estados Unidos (sólo el 12,6%), y tampoco en Francia (un escaso 10%).

Por lo tanto, en Argentina, la representación femenina en el gobierno es la más alta. Pero, según Santiago, "los números sólo cuentan una parte de la historia". En realidad, la posición de las mujeres en la política argentina es aún delicada. "Cualquier hombre con mis conocimientos y mi buena imagen pública habría sido un candidato para un puesto más alto, pero yo no lo soy", dijo Elisa Carrió, diputada nacional por el Partido Radical, y explicó que "hay más mujeres en la política, pero ellas no tienen poder real. Y las candidatas femeninas son aún elegidas por los hombres".

3   **Después de leer**   Responde a las siguientes preguntas.

1. ¿Qué mujeres dedicadas a la vida política menciona la nota y por qué se destacan esas mujeres?

     _____

2. ¿Con qué países es comparado el porcentaje de mujeres políticas en Argentina?

     _____

3. ¿Por qué el autor de la nota considera importante realizar la comparación con esos países?

     _____

4. ¿Por qué se considera que las mujeres políticas argentinas no tienen poder real?

     _____

4   **Escribe**   ¿Conoces a alguna mujer destacada en el plano político en tu país? Escribe un párrafo sobre ella. ¿Por qué crees que es famosa?

_____

_____

_____

_____

_____

_____

_____

_____

_____

COMPOSICIÓN

1 **Encuesta** Hazle las preguntas a continuación a otra persona (un compañero de trabajo, un vecino, tu madre, etc.).

1. ¿Qué piensas de la ley que dice que el 30% de los candidatos de cada partido político debe ser mujeres?
2. ¿Crees que en tu país el sexo del candidato se tiene en cuenta cuando se vota? ¿Por qué?
3. ¿Cómo se comparan las mujeres con los hombres en el terreno político?
4. ¿Piensas que las mujeres políticas de tu país tienen poder? ¿Por qué?

2 **Informe** Responde tú también a las preguntas de la encuesta y escribe un pequeño informe sobre tu opinión y la de la persona que entrevistaste. El informe debe incluir lo siguiente:

- Una introducción que explique cuál crees que es la opinión general sobre las mujeres que se dedican a la vida política. Ten en cuenta estas preguntas: ¿Qué se piensa de las mujeres que se dedican a la vida política? ¿Se cree que las mujeres que ocupan un cargo público fueron elegidas por ser buenas políticas? ¿Se cree que una mujer pueda ser una buena presidenta del país?
- La opinión de tu compañero (vecino, madre, etc.) y la tuya sobre las preguntas de la encuesta. Estas expresiones pueden ayudarte: **Mi vecino piensa que ... pero yo ...; No sólo mi vecino sino también yo pensamos que ...; Mi vecino no piensa que ... y yo tampoco pienso que ...**

Controla:
- la concordancia del participio con el sujeto en las oraciones pasivas
- el uso de **sino que** en lugar de **sino** si sigue una cláusula
- el uso de **tampoco** para reforzar la coordinación de cláusulas negativas.

_____

_____

_____

_____

_____

_____

_____

_____

_____

_____

_____

_____

_____

_____

_____

_____

CONTEXTOS

Lección 9
La cultura popular y los medios de comunicación

1 **Crucigrama**

A Lee las definiciones y completa el crucigrama usando las palabras de la lista. Hay tres que no debes usar. Si las respuestas están correctas, formarás una palabra en la columna gris.

censurar	escena	imprimir
cine	estrella	largometraje
cortometraje	estrenar	noticiero
diario	estudio de grabación	publicidad
emisora	guión	redactor

Definiciones:

1. Programa de radio o televisión que da noticias
2. Estación de radio
3. Película de corta duración
4. Anuncios comerciales para atraer a posibles compradores, espectadores, oyentes, etc.
5. Presentar una película por primera vez
6. Periódico que se publica todos los días
7. Persona que trabaja en la oficina de un periódico y que escribe cosas que han pasado
8. Artista de cine muy famoso/a
9. Parte de una película
10. Sala o edificio público en el que se exhiben películas
11. Texto que describe el contenido de una película o de un programa de radio o televisión
12. Prohibir que se vea una película o una parte de ella

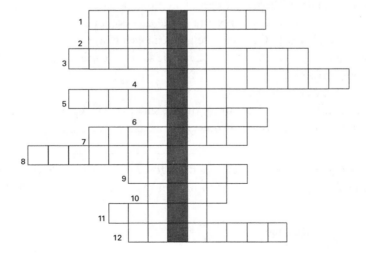

B Escribe una definición de la palabra formada en la columna gris.

_____

_____

2 **Palabras** Tacha la palabra que no pertenece a la serie.

1. el televidente   la espectadora   la reportera   la transmisión

2. el crítico de cine   la redacción   el actor   el director

3. la portada   el redactor   la crónica deportiva   la crónica de sociedad

4. el reportaje   el conductor   el oyente   la actriz

5. dirigir   filmar   doblar   imprimir

6. el reportero   el índice de audiencia   la noticia   el reportaje

7. el oyente   el titular   el guión   la crónica

8. imprimir   redactar   corregir   doblar

3 **Palabras perdidas** A continuación hay tres diálogos. Léelos y complétalos con las palabras de la lista.

actriz	oyente
chismes	programa
escena	público
estrella	radio
filmarla	telenovela

1. —¿Dónde está la _____ principal?

—Se fue, señor.

—¿Cómo que se fue? Le dije que la _____ no está bien. Tenemos que _____ nuevamente.

2. —¡Atención! Un _____ nos llama. Hola. ¿Quién está en la línea?

—Hola, Mario. Me llamo Pedro y quería felicitarte por tu _____. La _____ es más interesante desde que comenzaste con *Música a tu medida*.

—¡Muchas gracias, Pedro! ¿Qué tema te gustaría escuchar?

3. —¿Es cierto que la _____ de la _____ *Ladrón de amor* y tú tienen una relación amorosa?

—Lo siento. No hay comentarios.

—El _____ te admira y quiere saberlo. Tienes una obligación con tus admiradores.

—Mi obligación es impedir que inventes _____.

4 **¿Quiénes dialogan?** Vuelve a leer los diálogos del ejercicio 3. Elige la letra de la segunda columna que corresponde a las personas que están hablando en cada uno de los diálogos. Hay tres que no debes usar.

Diálogo		¿Quiénes dialogan?
1.	_____	a. Un director de cine y la actriz principal
2.	_____	b. Un locutor de radio y un reportero
3.	_____	c. Un locutor de radio y un oyente
		d. Un reportero y un actor
		e. Un director de cine y un ayudante
		f. Un reportero y la estrella de la telenovela *Ladrón de amor*

ESTRUCTURA

9.1 Infinitives

1 **La actriz y el director** La actriz Amelia Pardo no se lleva bien con el director. Ella lo considera un excelente director, pero está cansada de escucharlo decir siempre las mismas cosas. Empareja las expresiones de las dos columnas para completar lo que le dice el director a Amelia.

1. Para que el público te crea necesitas
2. Para representar esta escena no debes
3. Eres muy buena actriz teatral, pero el cine suele
4. Debes practicar el guión antes de
5. Filmar películas no es lo mismo
6. No creo que puedas hacer
7. Debes pensar si realmente quieres
8. También trata de decidir si quieres venir

a. moverte mucho.
b. tú esta escena de riesgo.
c. ser difícil para los actores teatrales.
d. representar este personaje.
e. que representar una obra de teatro.
f. ser una actriz de cine.
g. creer tú misma lo que estás diciendo.
h. a grabar.

2 **El director y la actriz** El director de cine Leopoldo Trujillo no se lleva bien con Amelia Pardo, la actriz principal. Es muy buena actriz de teatro, pero le falta experiencia para trabajar en cine. Cuando Leopoldo trata de ayudarla, no se comunican bien. Leopoldo consulta el problema con su amigo Antonio. Completa el diálogo con la forma adecuada del verbo entre paréntesis. ¿En qué casos debes usar infinitivo?

ANTONIO ¿Cómo estás, Leopoldo? Tengo muchas ganas de 1) _____ (saber) cómo va la filmación.

LEOPOLDO No muy bien. No sé si podremos terminar de 2) _____ (grabar).

ANTONIO ¿Ellos no te 3) _____ (dar) dinero suficiente?

LEOPOLDO El problema lo 4) _____ (tener) con Amelia.

ANTONIO Dicen que 5) _____ (ser) muy buena actriz.

LEOPOLDO Es muy buena actriz teatral y creo que puede llegar a 6) _____ (ser) muy buena actriz de cine. Pero no 7) _____ (tener) una buena comunicación con ella.

ANTONIO ¿Te cae mal? ¿O tienes ganas de 8) _____ (ayudarla)?

LEOPOLDO La 9) _____ (ayudar) en todo. Le 10) _____ (dar) consejos. Trato de 11) _____ (tener) con ella una buena relación. Pero le 12) _____ (molestar) todo lo que digo.

ANTONIO ¿Por qué no la invitas a 13) _____ (tomar) una copa y a 14) _____ (conversar) sobre el problema? Quizás puedan 15) _____ (encontrar) una solución.

LEOPOLDO ¡Es una buena idea! Esta noche la 16) _____ (llamar).

3 **Aclarando las cosas** El director Leopoldo Trujillo llamó por teléfono a la actriz Amelia Pardo. Le propuso ir a tomar una copa para tratar de resolver sus problemas. Amelia fue clara: "Lo que me molesta de ti es que siempre estás dando órdenes". El director le dijo que no eran órdenes, sino consejos. Escribe lo que le responde Leopoldo a la actriz. Usa formas del infinitivo. Algunos verbos que puedes usar son **obligar, hacer, mandar, prohibir** y **exigir.** Sigue el modelo.

> **modelo**
> Según Amelia, Leopoldo le dice:
> "Ensaya el guión antes de filmar."
> El director se defiende contestando:
> "Yo no te obligo a ensayar el guión antes de filmar, sino que te aconsejo que lo hagas."

Según Amelia, Leopoldo le dice:

1. "Llega temprano."
2. "No muevas tanto la boca al hablar."
3. "Evita los gestos exagerados con la cara y las manos."
4. "Déjale las escenas de riesgo a la doble."
5. "No actúes como si estuvieras en el teatro."
6. "Haz ejercicios de relajación antes del ensayo."

El director se defiende contestando:

1. " _____ "
2. " _____ "
3. " _____ "
4. " _____ "
5. " _____ "
6. " _____ "

4 **Míralo con odio y ...** La actriz Amelia Pardo le habla a su amiga sobre el desagradable reportero que conoció. Une las dos oraciones usando la expresión entre paréntesis.

> **modelo**
> Terminé la grabación. Un reportero me esperaba en mi camerino. (**al** + infinitivo)
> Al terminar la grabación, un reportero me esperaba en mi camerino.

1. Llegué a mi camerino. El reportero me preguntó si yo tenía un romance con el director. (**al** + infinitivo)

   _____

2. Lo miré con odio. No consideré las consecuencias. (**sin** + infinitivo)

   _____

3. No le importó mi enojo. Dijo: "Entonces es verdad. Usted tiene un romance con el director." (**sin** + infinitivo)

   _____

4. Quise protestar. Dijo: "Muchas gracias por su tiempo, Amelia". (**al** + infinitivo)

   _____

5. Ahora lo sé: trata mal a un reportero. Serás noticia. (**para** + infinitivo)

   _____

9.2 Present perfect subjunctive

1   **El director y su amigo Antonio** La última película del director Leopoldo Trujillo fue censurada. Ahora está conversando con su amigo Antonio sobre la censura de su película. Completa la conversación con el **presente perfecto de subjuntivo** o con el **presente perfecto de indicativo.** Usa los verbos de la lista.

hayan censurado	haya opuesto
haya considerado	ha sido
haya estado	haya sido
has formado	hayamos vuelto
ha manejado	ha cuidado

LEOPOLDO No me sorprende que 1) _____ la película.

ANTONIO ¡Qué mala suerte! Lo siento mucho.

LEOPOLDO Dudo que el presidente del Instituto de Cinematografía 2) _____ de acuerdo con la censura. Es seguro que 3) _____ presionado.

ANTONIO No estoy seguro de que 4) _____ presionado. Pienso que te 5) _____ una opinión equivocada de él.

LEOPOLDO ¿No crees que el presidente se 6) _____ a la censura?

ANTONIO No pienso que se 7) _____ una víctima. Creo que tiene mucho poder y que siempre 8) _____ mucho su imagen pública.

2   **Censura** La última película del director Leopoldo Trujillo fue censurada y ahora está furioso. Por eso, escribe una carta abierta que publica en un diario de gran difusión. Completa los párrafos con la forma apropiada del **presente perfecto de subjuntivo.**

Quienes 1) _____ (saber) de la decisión de censurar mi película sabrán por qué escribo esta carta.

Espero que todo el público 2) _____ (sentir) el mismo enojo que yo sentí. Lamentablemente, dudo que muchos colegas 3) _____ (enojarse). No estoy seguro de que la mayoría 4) _____ (ponerse) tan furiosos como yo, pero sé que algunos se han alegrado. Y esto es muy triste para mí.

Me molesta mucho que el Instituto de Cinematografía 5) _____ (llegar) a esta decisión. Pero me molesta más que todos los miembros del Instituto 6) _____ (firmar) la decisión. El Instituto opina que la película tiene muchas escenas violentas. Pero yo sólo he tratado de representar una época. No puedo evitar que en esa época 7) _____ (haber) tanta violencia.

Por otra parte, no creo que la película se 8) _____ (evaluar) imparcialmente. Pero lo más terrible es que todavía exista la censura. Que nosotros 9) _____ (ser) tratados como niños en el pasado no quiere decir que seguiremos permitiéndolo en el futuro. Somos capaces de evaluar, criticar, pensar y decidir. ¡Defendamos nuestro derecho a la libertad de expresión!

Leopoldo Trujillo

3 **El director y el presidente del Instituto de Cinematografía** Leopoldo Trujillo discute con Francisco Jiménez, el presidente del Instituto de Cinematografía. Completa el diálogo con la oración que expresa lo opuesto de lo que dice Leopoldo. En algunos casos debes usar el **presente perfecto de subjuntivo** y en otros el **presente perfecto de indicativo.** Sigue el modelo.

> **modelo**
>
> **LEOPOLDO** Creo que el Instituto no ha sido imparcial con mi película.
> **FRANCISCO** *No creo que el Instituto haya sido imparcial. Creo que ha tomado una decisión correcta.*

LEOPOLDO ¿Por qué? Dudo que la película haya exagerado los hechos.

FRANCISCO 1) _____. Deberías estudiar más historia.

LEOPOLDO Pienso que tú has leído sólo una parte de la historia.

FRANCISCO 2) _____. Insisto en que la película ha exagerado los hechos.

LEOPOLDO No creo que esa historia haya terminado.

FRANCISCO 3) _____. Mejor dicho, creo que esa historia nunca ha existido.

LEOPOLDO Pienso que me has engañado siempre.

FRANCISCO 4) _____. Creo que tú nunca has llegado a conocer mis ideas.

LEOPOLDO Es evidente que nunca te ha importado mi amistad.

FRANCISCO 5) _____. Pero mi trabajo es mi trabajo.

LEOPOLDO No estoy seguro de que al público le haya gustado la decisión.

FRANCISCO 6) _____. De lo contrario, estaría protestando.

4 **Protesta** Comenzaron a llegar miles de cartas al Instituto de Cinematografía. Todas protestaban en contra de la censura, pidiendo que se cambiara la decisión. Los miembros del Instituto se reunieron y, dos semanas después de esa reunión, unas 10.000 personas se congregaron frente al Instituto. Completa sus pedidos con la forma adecuada del verbo entre paréntesis. En algunos casos debes usar el **presente de subjuntivo** y en otros el **presente perfecto de subjuntivo.**

1. Es increíble que en el siglo XXI se _____ (prohibir) una película.

2. Es necesario que _____ (existir) un solo tipo de censura: pedimos que se

   _____ (prohibir) la censura.

3. Esperamos que el Instituto _____ (revisar) su decisión en la reunión de

   esta mañana.

4. Esperamos también que en la reunión se _____ (levantar) la censura.

5. Ojalá que esta mañana los miembros del Instituto _____ (pensar) más

   profundamente sobre esta situación y que _____ (decidir) renunciar a sus cargos.

6. Preferimos que de ahora en adelante se _____ (elegir) miembros que

   _____ (ser) inteligentes y que _____ (defender) la libertad

   de expresión.

9.3 Prepositions 1

1 **El estudio de filmaciones** El director Carlos Mejía está filmando una película. Escribe oraciones con los elementos dados. En cada una debes usar **a, con** o **hacia** por lo menos una vez.

1. actriz / Camila Muñoz / estar mirando / la derecha

   _____

2. Carlos / le / explica / argumento / Camila

   _____

3. Marcelo / ser / ayudante / y / mirar / escena / que / estar grabando

   _____

4. actriz principal / ser / Nuria Zamora / y / se / poder / ver / pañuelo / en / cabeza

   _____

5. periodista / Marco Juárez / tomar / foto / su / cámara

   _____

6. cámara / Marco / estar / orientado / techo

   _____

7. actores / secundario / llegar / 7:30

   _____

8. cuando / actrices / entra / estudio / estar / dos / pasos / de / director / Carlos Mejía

   _____

2 **Dudas** El actor principal, Mario Ascarelli, no habla bien español y está dudando si debe usar o no la preposición **a.** Completa las oraciones con **a** cuando sea necesario.

1. ¿Tengo que entregarle la carta _____ mi hija?
2. Estoy cansado de mirar _____ esta cámara.
3. También estoy cansado de escuchar _____ este director.
4. ¿Quién le enseñó _____ actuar?
5. ¿Llegaremos _____ filmar esta escena hoy?
6. ¿Quién puede comprar _____ una botella de agua mineral?
7. ¿_____ cuántas millas se encuentra la gasolinería?
8. ¿Cuándo se estrena _____ la película?

3 **Una escena complicada** Carlos Mejía está enojado. Sus actores no hacen lo que él les pide. Completa sus indicaciones con las preposiciones **a, hacia** o **con**.

1. Tienes que mirar _____ la pared. Tu personaje está muy enojado y no quieres mirarlo a los ojos.

2. Te dije que estás muy enojada, actúa _____ odio.

3. ¿Y ahora _____ qué nuevo problema viene el camarógrafo?

4. Yo sé que no les hablo _____ amabilidad. Discúlpenme, es que estoy muy preocupado.

5. No sé bien _____ qué hora terminaremos la grabación, más o menos _____ las siete.

6. La cámara uno debe apuntar _____ la cara del primer actor.

7. ¡Este guión es un desastre! ¡Lo escribieron _____ los pies!

8. ¡Basta de conversación! ¡_____ grabar!

Nombre _____ Fecha _____

4 **¿Cómo se llega?** Carlos Mejía y los actores han interrumpido la grabación de la película para almorzar. Carlos necesita sacar dinero del banco, pero no sabe cómo llegar al banco desde el estudio. Su ayudante Marcelo tiene un mapa de la ciudad y se ofrece explicarle a Carlos cómo se llega al banco. Mira el mapa y escribe las direcciones de Marcelo usando **a, hacia** y **con**. Recuerda que Carlos y Marcelo están en el estudio. Sigue el modelo.

> *modelo*
> Primero, camina hacia la joyería.

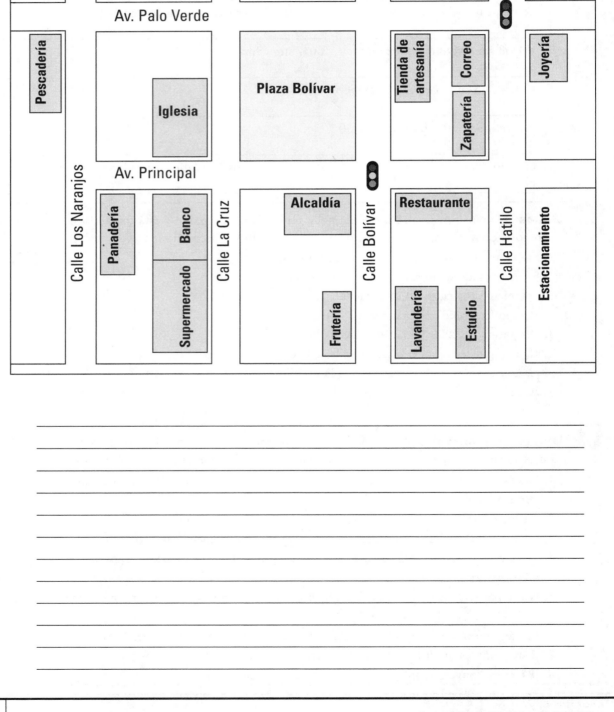

_____
_____
_____
_____
_____
_____
_____
_____
_____
_____
_____

9.4 Expressing choice and negation

1 **Mejía odia dar entrevistas** Los periodistas consiguieron entrevistar a Carlos Mejía, pero él nunca responde las mismas cosas y, a veces, hasta hace comentarios contradictorios. Empareja las expresiones de la columna 1 con las de la columna 2. Luego escribe las conclusiones de los periodistas, usando **o..., o...** Haz todos los cambios necesarios. Sigue el modelo.

Columna 1

1. Es una historia romántica.
2. Hoy grabamos la primera escena.
3. La película costó dos millones de dólares.
4. El casting lo realizó mi ayudante.
5. Me gusta dar entrevistas.
6. La banda sonora fue compuesta por Plácido Cisneros.
7. El estreno será en Barcelona.
8. Creo que mi público saldrá contento del estreno.

Columna 2

a. Odio dar entrevistas.
b. Me parece que mi público saldrá enojado del estreno.
c. La estrenarán al mismo tiempo en Madrid y en América.
d. Grabamos la última escena hoy.
e. Gastamos cinco millones de dólares en la película.
f. Fue Toñete quien compuso la banda sonora.
g. Es una comedia.
h. Yo elegí a los actores.

> **modelo**
>
> 1. g: O es una historia romántica o es una comedia.

2. ____ : _____
3. ____ : _____
4. ____ : _____
5. ____ : _____
6. ____ : _____
7. ____ : _____
8. ____ : _____

2 **Cuestiones de guión** La película de Mejía es un secreto. Aunque no consiguieron nada de información, los periodistas publicaron una nota. Completa la noticia con **o, ni** y **ni siquiera**.

La película secreta de Carlos Mejía

Ayer tuvimos una reunión en los estudios Andesfilms. Dos guardias de seguridad no nos dejaban pasar, 1) _____ mirar hacia adentro. Pero finalmente pudimos entrar; 2) _____ los guardias comprendieron que queríamos entrar 3) _____ alguien les dio la orden. En los alrededores del estudio 4) _____ se veían movimientos 5) _____ se escuchaban ruidos. Cuando entramos al estudio, Mejía estaba enojado. 6) _____ los actores no habían estudiado el guión, 7) _____ el director estaba molesto con sus camarógrafos. Nunca lo supimos. 8) _____ supimos si estaba realmente enojado; Mejía siempre parece enojado. Nos permitió hacerle una entrevista. Pero fue como siempre. 9) _____ se negaba a contestar nuestras preguntas 10) _____ nos contestaba con mentiras y comentarios contradictorios. La filmación es un absoluto secreto. Lo cierto es que la película 11) _____ será excelente 12) _____ será un desastre como todo lo que hace Mejía.

3 **Una actriz caprichosa** Nuria Zamora, la actriz principal, es un poco caprichosa: nada le viene bien. Se enoja antes, durante y después de la filmación. Escribe ocho oraciones con las quejas y las órdenes de Nuria, haciendo todos los cambios necesarios. Utiliza las expresiones **o ... o ...**, **ni ... ni ...** y **ni siquiera.** Sigue el modelo.

> **modelo**
> Comencemos la filmación ahora. Si no comenzamos, me voy a mi casa.
> O *comenzamos la filmación ahora o me voy a mi casa.*

1. No me trajeron café. No me trajeron té. No me trajeron agua.
   _____

2. No pude estudiar el guión. No pude vestirme bien.
   _____

3. Sean puntuales. Avisen si llegan tarde.
   _____

4. Ya es la hora de irnos. Tal vez yo esté aburrida.
   _____

5. No quiero escuchar música. No quiero ver tantas luces.
   _____

6. Hablen con los admiradores para que se vayan del estudio. Si no lo hacen, me iré yo.
   _____

7. Hoy me siento enferma. No puedo cantar. No puedo hablar. No puedo moverme.
   _____

8. Este actor es muy molesto. Tiene hambre. Tiene sueño.
   _____

4 **Chismes** Nuria Zamora no sólo es caprichosa, sino que también es chismosa. Le gusta decir cosas feas de los demás. Por eso critica a sus compañeros de trabajo; comenta todo lo que no saben hacer y las cosas raras que les gustan. Escribe sus comentarios. Puedes usar las palabras de las listas.

Lo que hace	Lo que no sabe hacer
• comer muchas galletas de chocolate	• cantar; hablar; bailar
• jugar a las cartas y jugar a la lotería	• observar al director; estudiar el guión; sonreír
• soplarse la nariz y estornudar	• escuchar a sus compañeros; observar la cámara; prestarle atención al director

Camila Muñoz

Es una actriz pésima. Ni sabe _____, ni _____, ni siquiera _____. Además está todo el día comiendo. O _____, o _____

Lucía Santos

_____
_____
_____

Marco Juárez

_____
_____

LECTURA

1 **Antes de leer** Contesta las preguntas.

1. ¿Cómo te informas: con la televisión, con la radio, o con los periódicos?
2. ¿Tienes periodistas favoritos? ¿Por qué los prefieres?
3. ¿Crees que los diarios siempre dicen la verdad?
4. ¿Cómo sería un mundo sin periodismo?

2 **Lectura** Lee el ensayo.

Sobre el periodismo y los medios de comunicación

La intención del periodismo es informar sobre hechos ocurridos o por ocurrir, tratando de hablar de ellos de manera objetiva, verdadera y fiel a la realidad. Por eso, los textos informativos periodísticos son "presentadores" de lo que ocurre.

Los diarios se separan en partes que intentan mostrar la forma en que se separa la realidad: política, economía, crimen, cultura, deportes, espectáculos. Sin embargo, hay quienes sostienen que esta forma de separar la realidad es en sí misma una ficción.

Para algunos críticos los ideales de objetividad, verdad y fidelidad no pueden ser cumplidos. Dicen que es evidente que los diarios no cuentan todo lo que pasa. La realidad es compleja y caótica y ordenarla en partes supone una serie de elecciones. Por otra parte, ni los periodistas, ni las cámaras pueden estar en todos lados. O se está en una conferencia de prensa del político famoso o se está en el discurso del político menos conocido. Por eso, los diarios muestran cómo el poder funciona en la sociedad y reproducen esas formas de poder en el espacio que le dedican a cada tema y noticia.

Sin embargo, otros críticos consideran que el periodismo ha cambiado nuestra forma de ver el mundo. Antes del periodismo masivo la gente soportaba el autoritarismo, no sabía lo que sucedía en otros países, ni siquiera podía pensar en el mundo de manera global. Según estos autores, el periodismo ha sido una de las causas principales de que se haya extendido la democracia en el mundo.

Tal vez no haya que llegar a una conclusión única. El periodismo, como todo fenómeno, tiene su lado oscuro y su lado claro.

3 **Después de leer** Completa las siguientes oraciones.

1. Las características más generales de los periódicos son

   _____

   _____

2. Es cierto que los diarios no cuentan todo lo que pasa, ni

   _____

   _____

3. Por otra parte, es probable que el crecimiento del periodismo

   _____

   _____

Workbook

COMPOSICIÓN

1 **Fragmento de entrevista** El siguiente fragmento es el inicio de una entrevista al actor Ignacio Bravo. Continúa la entrevista, utilizando las expresiones indicadas entre paréntesis.

PERIODISTA ¿Y qué le parece si comenzamos por su infancia, en esa casa pequeña en medio del campo?

IGNACIO No, por favor. No quiero hablar de mi infancia. Ya hablé mucho.

PERIODISTA Es muy raro lo que me dice. A los actores les gusta mucho hablar de su infancia y leí varios reportajes que le hicieron, en que usted cuenta cosas muy interesantes.

IGNACIO Es por eso, ya me cansé, no quiero ir hacia atrás, tan lejos.

PERIODISTA ¿Y adónde le gustaría ir con sus recuerdos?

IGNACIO (ni ....., ni ... / hacia)

_____

_____

PERIODISTA (no creo que)

_____

_____

IGNACIO (no dudo de que / ni siquiera)

_____

_____

_____

PERIODISTA (me han dicho que usted)

_____

_____

_____

_____

IGNACIO (hay que)

_____

_____

_____

2 **Revisión del texto** Ten en cuenta:
- la ortografía
- los signos de interrogación al comienzo y al final de cada pregunta
- las respuestas verdaderamente contestan las preguntas
- la última respuesta del artista puede ser un cierre de la entrevista

CONTEXTOS

Lección 10
La literatura y el arte

1 **Taller de creación** Carmen y Miguel son dos adolescentes apasionados por el arte. Por eso, van a una escuela artística donde hay un taller de pintura, un taller de literatura y un taller de teatro. Además de pintar, escribir y actuar, aprenden a observar obras de arte y analizar textos literarios. Ahora están leyendo uno de sus textos. Lee las oraciones del texto y elige la palabra de la lista que asocias con cada una.

a. el autorretrato
b. los cuadros
c. el cuadro contemporáneo

d. las estrofas
e. el estudio
f. el guión

g. la mezcla
h. la naturaleza muerta
i. la obra de teatro

_____ 1. "A veces necesitaba mirarse en el espejo para pintarlo, a veces podía hacerlo sólo con la memoria de las fotografías que había visto de sí mismo."

_____ 2. "Aunque lo hayas leído mil veces y pienses que lo has memorizado, cuando empieza el ensayo, es común que al principio te pongas nervioso/a y decidas que sin leerlo no vas a poder actuar."

_____ 3. "El poema tiene más sentido cuando se divide. Sin ellas, éste sería un poema continuo y difícil de interpretar."

_____ 4. "No siempre se trata de frutas. Muchas veces se puede ver otros objetos de la vida diaria."

_____ 5. "Es necesario leerla antes de actuar en ella. Es necesario también conocer las intenciones del dramaturgo."

_____ 6. "Ciertos colores no deben usarse con otros colores."

_____ 7. "Es importante saber interpretar el arte moderno. No pienses que, porque lo que está representado es abstracto, la obra no tiene valor."

2 **Cada uno en su lugar** En la escuela de arte, se escucha hablar a alumnos y profesores. Indica si las oraciones corresponden a algo que fue dicho en el taller de literatura, en el taller de teatro o en el taller de pintura.

Taller de literatura	Taller de teatro	Taller de pintura	
❑	❑	❑	1. Ahora vamos a analizar este capítulo.
❑	❑	❑	2. Esta obra está muy ornamentada.
❑	❑	❑	3. El narrador elige la primera persona.
❑	❑	❑	4. El movimiento de tu mano debe mostrar tu tristeza.
❑	❑	❑	5. Todavía no has podido construir una buena rima.
❑	❑	❑	6. Esta obra de teatro pertenece al movimiento *Teatro para todos*.
❑	❑	❑	7. Hoy vamos a trabajar con óleos.
❑	❑	❑	8. Quiero que pinten esta escena al estilo de Velázquez.

3 **Hablar de arte** En el estudio de pintura, un grupo de alumnos está aprendiendo algunas palabras para hablar de arte. Lee las oraciones y coloca la palabra que se está definiendo.

1. Se llama _____ a la persona que se ocupa de mantener en buen estado las pinturas y esculturas antiguas.

2. Una _____ es un lugar donde se muestran las pinturas.

3. Un _____ es un cuadro que representa a una persona.

4. En las _____ cada comprador ofrece distintas cantidades de dinero. Logra comprar el cuadro la persona que ofreció más.

5. Cuando un pintor se hace famoso, se dice que obtuvo un gran _____.

6. Si un objeto tiene dibujos o cosas que lo adornan, se dice que está _____.

7. Los primeros trazos que hace un pintor para planificar su obra se llama _____.

8. Una pintura es _____ cuando pueden observarse todas las cosas con claridad.

4 **La clase del profesor** El profesor del taller de literatura les está explicando a sus alumnos distintos aspectos de textos diferentes, y les muestra ejemplos. Completa los diálogos con las palabras que faltan. Puedes usar la lista de palabras que aparece debajo. Ten en cuenta que dos no corresponden.

desenlace	guión	obra de teatro
ensayo	manuscrito	rima
estrofas	nota al pie de página	sentido figurado

1. Éste es un poema. Como ven, tiene cuatro _____.
   Cuando lo leamos, vamos a ver que la mayoría de las cosas no se dicen literalmente, sino en _____.

2. Aquí pueden ver un _____. El autor escribió todo de esta manera y después lo pasó a la computadora. Para explicar algo que escribió en el texto, puso una _____.

3. Éste es un _____ de una _____.
   Se indican todos los diálogos de los personajes. Lo que ustedes ven es el _____ de la historia, o sea, cómo termina.

ESTRUCTURA

10.1 The future perfect and the conditional perfect

1 **Preparando la exposición** Los alumnos del taller de pintura están preparando una exposición. Completa los diálogos con los verbos en la forma adecuada del futuro perfecto.

1. **CARMEN** La semana que viene es la exposición. ¡Estoy muy ansiosa!

    MIGUEL Yo también, porque no sé si para ese día _____ (terminar) mi cuadro.

2. **CARMEN** ¿Ya _____ (llegar) las invitaciones de la imprenta?

    MIGUEL Espero que sí. Ya es tiempo de repartirlas.

3. **PROFESOR** Y ustedes, ¿ _____ (ordenar) todas las naturalezas muertas del año?

    CARMEN Y MIGUEL Sí, profesor, pero recién el martes _____ (elegir) las que van a la exposición.

4. **CARMEN** Dentro de una semana nosotros ya _____ (hacer) la exposición.

    MIGUEL No veo la hora de que llegue ese momento.

5. **CARMEN** Marcela ya le dijo al profesor que no participará en la exposición.

    MIGUEL Y el profesor, ¿qué le _____ (decir)?

6. **MIGUEL** El presentador de la exposición es Gustavo.

    CARMEN ¿ _____ (ensayar) lo que va a decir?

2 **¿Fue la exposición un éxito?** Los alumnos ya terminaron su exposición. Conversan con su profesor sobre lo que habrían hecho y sobre lo que suponen que podría haber pasado. Para comprender lo que dicen, escribe el verbo de la segunda columna en la forma apropiada del condicional perfecto y luego empareja las expresiones de las columnas.

_____ 1. Carmen se enojó porque dijeron que sus cuadros eran muy llamativos.

_____ 2. Miguel escuchó a los críticos decir que sus cuadros eran nítidos.

_____ 3. El estilo de Gustavo recibió un gran reconocimiento.

_____ 4. Los críticos dijeron que Nicolás era un pintor inquietante.

_____ 5. El profesor no estuvo satisfecho.

_____ 6. Vino un profesor de otra escuela de arte.

_____ 7. Se enfermó el director del coro.

_____ 8. Todos los alumnos se quedaron con una duda.

a. _____ (gustar) la exposición?

b. Él _____ (preferir) que fuera más gente.

c. En su lugar yo también me _____ (enojar).

d. Carmen _____ (desear) que a ella le hubiera pasado lo mismo.

e. Nicolás _____ (saltar) de alegría si los hubiera escuchado.

f. Era el único que _____ (decir) que la exposición era una porquería.

g. El grupo del taller de música _____ (cantar).

h. Se preguntó qué era lo que ellos _____ (querer) decir con eso.

3 **Ponerse en el lugar** En el taller de teatro, el profesor les muestra a los alumnos fotografías de personas para que comprendan cómo el cuerpo y el rostro pueden expresar sentimientos. Les hace preguntas para que piensen en los sentimientos y en la situación. Usa el futuro perfecto o el condicional perfecto en tus respuestas.

1. ¿Qué le habrá pasado a este escritor?

_____

2. ¿Cómo te habrías sentido tú en esa situación?

_____

3. ¿Qué habrá sentido el pintor?

_____

4. ¿Qué habría pensado el chico?

_____

5. ¿Qué le habrá dolido a la bailarina?

_____

6. ¿Qué habrán hecho sus compañeras?

_____

7. ¿Qué habría hecho la bailarina si se hubiera lastimado una compañera?

_____

4 **Una situación** Elige una de las situaciones del ejercicio 3. Imagina que tú eres uno de esos personajes. ¿Qué habrías hecho en su lugar? Escribe por lo menos cuatro oraciones.

_____

_____

_____

_____

_____

_____

_____

_____

_____

_____

_____

_____

_____

10.2 The past perfect subjunctive

1 **Reproches** A fin de año la escuela de arte les presentó a los padres todo lo que hicieron los alumnos durante el año. Pero muchas cosas salieron mal. Por eso el director de la escuela está de muy mal humor. Se reunió con los profesores para decirles lo que se hizo mal. Completa sus frases usando el pluscuamperfecto del subjuntivo.

1. Fue posible que la obra de teatro _____ (estar) mejor con Tomás como actor principal. ¡Lástima que usted no lo _____ (elegir), profesor Muñoz!

2. Dudé que los cuadros _____ (quedar) mejor sobre una pared blanca. ¡Me equivoqué!

3. Los alumnos no leyeron bien. No pensé que nosotros les _____ (poder) enseñar con tan poco tiempo que teníamos.

4. Me alegró que los alumnos del taller de pintura _____ (pintar) tantos cuadros. Pero desafortunadamente no todos eran buenos.

5. No estuve seguro de que los padres _____ (escuchar) bien a todos los actores. Hablaban con volumen muy bajo.

6. Los textos del taller de literatura tenían errores gramaticales. El profesor García no puede creer que los alumnos no los _____ (corregir).

7. En ese momento me dio mucha vergüenza ser el director de la escuela. Francamente, _____ (salir) corriendo, pero no tuve otra opción que quedarme y aceptar lo ocurrido.

8. La verdad es que me enojó mucho que ustedes no _____ (preparar) mejor el evento.

2 **Miserias humanas** El profesor de teatro está envidioso. Las presentaciones del taller de literatura y del taller de pintura tuvieron más éxito que la obra de teatro. Por eso, cuando se va de la fiesta le comenta a su esposa lo que pensó. Indica en cada caso la forma verbal correcta.

1. No creo que los alumnos del taller de pintura (hayan pintado – hubieran pintado) sólo algunos cuadros.

2. Me sorprendió que los textos del taller de literatura (hayan tenido – hubieran tenido) errores gramaticales.

3. Era poco probable que los cuadros (hayan sido – hubieran sido) menos ornamentados. El profesor del taller de pintura es muy exagerado.

4. Tuve miedo de que los padres se (hayan dado cuenta – hubieran dado cuenta) de que algunos textos eran copiados.

5. No estoy seguro de que el profesor del taller de literatura (haya presentado – hubiera presentado) todo lo que sus alumnos escribieron. Eligió sólo los mejores textos.

6. Temo que el director (haya decidido – hubiera decidido) echar al profesor del taller de pintura.

7. Nunca me imaginé que tú (hayas pensado – hubieras pensado) algo así. El profesor del taller de literatura es un envidioso.

8. Es improbable que yo (haya quedado – hubiera quedado) mal. Mis alumnos fueron los mejores.

3 **¿Qué se escribió en el periódico?** El periódico de la escuela artística también publicó sus reacciones a la fiesta de fin de año. Sin embargo, las opiniones de los periodistas de la escuela fueron bastante distintas a las del director. Elige una palabra de cada columna para escribir seis oraciones expresando las opiniones del periódico de la escuela. Sigue el modelo.

alegrarse   alumnos
desear   cuadros
gustar   director
importar   obra de teatro
molestar   padres
preferir   taller de pintura

modelo

No nos molestó que la obra de teatro hubiera sido demasiado larga.

_____

_____

_____

_____

_____

_____

4 **Primeras impresiones** ¿Te acuerdas de la primera vez que visitaste un museo de arte? ¿Cómo reaccionaste al ver las obras? Completa las oraciones a continuación usando el pluscuamperfecto del subjuntivo para describir lo que estabas pensando en aquel momento. Puedes usar palabras de la lista si te hacen falta.

acuarela   cuadro   naturaleza muerta
autorretrato   exposición   rasgo
contemporáneo   luminoso   retrato

1. Dudé que _____.

2. Era improbable que _____.

3. Me alegré de que _____.

4. Me sorprendí que _____.

5. Nunca había pensado que _____.

6. Tuve miedo de que _____.

10.3 Si clauses with compound tenses

1 **Quejas después de la exposición** Ayer se expusieron por primera vez las obras de la pintora Marta Iglesias. Pero la crítica no fue amable con ella. La pintora considera que el dueño de la galería es responsable de su fracaso porque no hizo lo que ella le había sugerido antes de la exposición. Une las frases para formar las quejas de Marta.

_____ 1. El retrato de Dalí se habría visto más nítido,

_____ 2. La sala habría estado mejor decorada,

_____ 3. Habría sorprendido positivamente a los visitantes,

_____ 4. Si no les hubiera cobrado la entrada a los críticos,

_____ 5. Si hubiera hecho comentarios positivos de Dalí,

_____ 6. Si hubiera reducido los precios de las obras,

_____ 7. Las obras se habrían visto inquietantes,

_____ 8. Si no hubiera ornamentado la sala con tan mal gusto,

a. si la hubiera pintado con colores menos vivos.

b. ellos no se habrían puesto furiosos.

c. se habría vendido al menos una.

d. si lo hubiera iluminado con luz amarilla.

e. si hubiera elegido un estilo simple para sus marcos.

f. las pinturas se habrían destacado más.

g. si les hubiera ofrecido bebidas gratis.

h. habría alegrado al crítico de la revista *Arte y más arte*. Él ama a Dalí.

2 **Una historia diferente** Dos amigas conversan sobre la vida del novelista Rafael San Juan. Una de ellas considera que su vida habría podido ser muy diferente. La otra no está de acuerdo. Completa el diálogo con el pluscuamperfecto del subjuntivo o el condicional perfecto de los verbos entre paréntesis.

MATILDE Si no 1) _____ (casarse) tan joven,

2) _____ (comenzar) a escribir mucho antes.

ANDREA 3) _____ (comenzar) a escribir antes, si

4) _____ (descubrir) que podía escribir bien.

MATILDE Si su esposa lo 5) _____ (querer), él no

6) _____ (enfermarse).

ANDREA Rafael no 7) _____ (enfermarse), si

8) _____ (cuidarse).

MATILDE Si 9) _____ (enamorarse) de mí, yo lo

10) _____ (ayudar) a ser un escritor famoso.

ANDREA Rafael 11) _____ (ser) un escritor famoso, si no

12) _____ (morirse) joven.

MATILDE ¡No 13) _____ (morirse) joven, si

14) _____ (tenido) una buena razón para vivir!

3 **Marta Iglesias se va de viaje** Después del fracaso de su exposición, Marta Iglesias vivió cuatro meses sola en una casa solitaria en el bosque. Cuando regresó, su amiga se enojó con ella. Escribe las preguntas que le hizo su amiga a Marta Iglesias. Sigue el modelo.

> **modelo**
> Qué / hacer / perderse / bosque
> ¿Qué habrías hecho si te hubieras perdido en el bosque?

1. Adónde / ir / casa / estar / mal estado

   _____

2. Qué / hacer / quedarse / sin pinturas

   _____

3. Dónde / pintar / casa / ser / demasiado pequeña

   _____

4. Adónde / ir / haber / tormentas fuertes

   _____

5. A quién / le / pedir / ayuda / lastimarse

   _____

6. Qué / hacer / atacar / animal salvaje

   _____

7. Qué / decir / yo / acompañar

   _____

4 **Las respuestas** Completa las respuestas que le dio Marta Iglesias a su amiga.

1. Si me hubiera perdido en el bosque, _____.
2. Si la casa hubiera estado en mal estado, _____.
3. Si me hubiera quedado sin pinturas, _____.
4. Si la casa hubiera sido demasiado pequeña, _____.
5. Si hubiera habido tormentas fuertes, _____.
6. Si me hubiera lastimado, _____.
7. Si me hubiera atacado un animal salvaje, _____.
8. Si me hubieras acompañado, _____.

5 **En un hotel de Acapulco** La amiga de Marta Iglesias siempre espera lo peor. ¿Qué habría preguntado si la pintora hubiera vivido cuatro meses en un hotel de Acapulco? ¿Qué le habría respondido Marta? Escribe cinco preguntas y sus respuestas.

1. Pregunta: _____
   Respuesta: _____
2. Pregunta: _____
   Respuesta: _____
3. Pregunta: _____
   Respuesta: _____
4. Pregunta: _____
   Respuesta: _____
5. Pregunta: _____
   Respuesta: _____

Workbook

10.4 How to say *to become*

1 **Los chismosos** Marta Iglesias hace otra exposición. Abajo puedes ver un dibujo de su segunda exposición de arte. Mira el dibujo con atención. Luego indica de qué personajes hablan Olivia y Óscar, los dos chismosos que lo miran todo.

_____ 1. ¡Qué ridícula! La pintora se pone nerviosa siempre que la entrevistan.

_____ 2. ¡No es nada tonto! Se hizo millonario vendiendo antigüedades.

_____ 3. ¡Qué lástima! Ese bello escritor se ha vuelto un solitario desde que escribe poesía.

_____ 4. ¡Qué increíble! Esa periodista ha llegado a ser famosísima por su mal gusto para vestir.

_____ 5. ¡Qué pedante! Se ha vuelto una orgullosa desde que le publicaron el ensayo.

_____ 6. ¡Qué tontito! Se pone colorado cada vez que le habla una mujer bella.

_____ 7. ¡Qué suerte! Se ha vuelto muy simpática desde que se divorció.

2 **Otros chismes** Cada vez que se encuentran, Olivia y Óscar se cuentan todo lo que han llegado a saber sobre los protagonistas del mundo del arte y del espectáculo. Elige la oración adecuada para completar los chismes.

1. Parece que el último guión de Trujillo es muy bueno.

   a. Pero ha llegado a ser muy discutido.

   b. Pero se volvió muy discutido.

2. Me dijeron que el maravilloso retrato de Dalí no es una idea original de Marta Iglesias.

   a. El temor al fracaso vuelve a algunas personas inmorales.

   b. El temor al fracaso pone a algunas personas inmorales.

3. ¿Sabías que el desenlace de la última novela de Cabrera no les gustó a sus seguidores?

   a. En los últimos años, el público se ha hecho muy exigente.

   b. En los últimos años, el público se ha vuelto muy exigente.

4. Parece que el pintor Diego Ordóñez ha cambiado las acuarelas por las pinturas al óleo. Además ha abandonado los colores suaves. Ahora prefiere los colores muy vivos.

   a. Se ha vuelto un pintor muy inquietante.

   b. Se ha hecho un pintor muy inquietante.

5. El argumento de la película de Espinosa es original. Pero las escenas son lentas y la fotografía es de muy mal gusto.

   a. Sólo al final se vuelve interesante.

   b. Sólo al final se pone interesante.

3 **Un poeta solitario** Óscar quiere saber por qué el escritor Esteban Dávila se ha vuelto un solitario desde que escribe poesía. Olivia le cuenta la historia. Indica la opción correcta del verbo.

1. Esteban pudo (llegar a ser – hacerse) un brillante novelista.

2. Pero se (volvió – puso) loco por una joven bailarina española.

3. Y a ella la (hacía – volvía) loca la poesía de vanguardia.

4. Entonces Esteban estudió mucho para (ponerse – hacerse) experto en poesía.

5. Así (se hizo – llegó a ser) su novio.

6. Pero a ella la (ponía – volvía) triste estar sola tanto tiempo, mientas él estudiaba. Entonces bailaba y bailaba.

7. De esta manera se (ha hecho – ha puesto) una gran bailarina.

8. Y (se ha vuelto – ha llegado a ser) muy famosa.

9. Ahora él se (ha hecho – ha vuelto) un solitario, porque ella viaja todo el tiempo.

LECTURA

1 **Antes de leer** Contesta las preguntas a continuación.

1. ¿Cuál es tu pintor(a) preferido/a? ¿Por qué es tu favorito/a?
2. ¿Cuáles son las características principales de sus obras?
3. ¿Te gustan los autorretratos? ¿Por qué?
4. ¿En qué se diferencian los autorretratos de otros tipos de cuadros?
5. ¿Qué pintoras (mujeres) famosas conoces? ¿De dónde son?

2 **Lectura** Lee el ensayo.

La realidad de Frida Kahlo, tan dramática como intensa

Han escrito muchos libros sobre ella, le han dedicado impresionantes producciones cinematográficas y la han representado actrices muy buenas, como Salma Hayek. Se trata de Frida Kahlo, y toda esta atención se debe a que la mayoría de los acontecimientos en su vida fueron casi tan dramáticos como intensos.

A esta famosa mujer se le puede definir de muchas maneras debido a todas las experiencias, logros y desafíos que vivió. Frida nació en 1907, tres años antes de que empezara la Revolución Mexicana, en la que murieron más personas que en ninguna otra revolución en la historia del mundo. Frida pasó su infancia entre el barrio residencial de la Ciudad de México, donde vivía con su familia, y las calles del centro de la capital, donde se encontraba el estudio fotográfico de su padre. A los 19 años de edad tuvo un terrible accidente por lo cual no pudo tener hijos. El accidente le produjo graves heridas internas que le causaron dolores durante toda su vida. En el mismo año comenzó a pintar mientras se recuperaba en la cama. Su amor por el arte y la pintura la llevaron a conocer en 1928 al gran muralista Diego Rivera, con el cual se casó dos años después. Diego Rivera era 21 años mayor que Frida; ella tenía 22 años y él 43. A principios de la década de 1930 vivieron unos años entre San Francisco, Detroit y Nueva York, donde conocieron a personajes importantes como Nelson Rockefeller. En 1934 regresaron a México y se hicieron miembros del Partido Comunista, luchando por los derechos de los indígenas y campesinos de su país. En 1937 Frida ayudó a León Trotsky y a su esposa en su lucha revolucionaria. Y un año después, Frida tuvo la primera exposición individual de sus pinturas. Esta exposición fue en Nueva York. En México su primera exposición fue en 1953. Los últimos días de su vida fueron muy trágicos. Diego y ella se divorciaron y ella se enfermó tanto que tuvo que pasar nueve meses en un hospital. Once días antes de su muerte, Frida participó en una protesta contra gobiernos militares. Murió en 1954, a la edad de 47 años.

La vida de Frida Kahlo no fue fácil, pero todos los acontecimientos que ocurrieron en su vida no le impidieron promocionar a su país en escenarios extranjeros. Su amor y su pasión por su país y sus tradiciones la llevaron a convertirse en un mito nacional. Y aunque después de su muerte se le han dedicado muchos libros, películas, programas de televisión y videos documentales, nunca la han logrado reflejar como ella misma lo hizo. Es por eso que la mejor manera de conocer y entender a Frida es observando sus autorretratos. En ellos es muy fácil distinguir los acontecimientos de su vida. Ella dijo que, aunque en Europa la denominaron pintora surrealista, ella no se consideraba así, ya que ella nunca pintó sus sueños, sino su realidad. Ésa es la razón por la cual el tema más repetido en sus obras fue ella misma, Frida Kahlo.

Workbook

3 Después de leer

A Empareja las fechas con los acontecimientos de la vida de Frida Kahlo. Para algunas fechas habrá más de una respuesta.

1. 1907
2. 1912
3. 1926
4. 1928
5. 1930
6. 1931
7. 1934
8. 1937
9. 1938
10. 1953
11. 1954

a. Ayudó a León Trotsky y a su esposa.
b. Comenzó a pintar.
c. Conoció a Nelson Rockefeller.
d. Conoció a Rivera.
e. Infancia
f. Luchó en el Partido Comunista.
g. Murió.
h. Nació.
i. Participó en una protesta.
j. Primera exposición en México.
k. Primera exposición individual en su vida.
l. Regresaron a México.
m. Se casó.
n. Tuvo un accidente.
o. Vivió en los Estados Unidos.

B Contesta las preguntas a continuación.

1. ¿Cuál es el acontecimiento que más te impresionó de la vida de Frida Kahlo?

_____

2. ¿Por qué piensas que Frida Kahlo es tan famosa?

_____

3. ¿Te recuerda Frida Kahlo a otro/a pintor(a) o artista?

_____

4. ¿Conoces los autorretratos o alguna otra obra de Frida Kahlo? ¿Te gustan? ¿Por qué?

_____

5. ¿Por qué crees que el tema más repetido en las obras de Frida Kahlo fue ella misma?

_____

Workbook

COMPOSICIÓN

Cuando Marta Iglesias hizo la exposición de su arte, vinieron críticos a opinar y evaluar lo que veían para después escribir reseñas (*reviews*). Ahora tú te vas a poner en el lugar de los críticos y vas a escribir una reseña.

1 **Obra de arte u obra literaria** Piensa en algunas obras de arte que hayas visto o en algunas obras literarias (poemas, novelas, cuentos, etc.) que hayas leído. Escribe algunos títulos de obras y los nombres de los autores o artistas que las crearon.

Obras de arte		Obras literarias	
Título	Artista	Título	Autor(a)
_____	_____	_____	_____
_____	_____	_____	_____
_____	_____	_____	_____
_____	_____	_____	_____

2 **Escribe la reseña** Elige una de las obras de arte u obras literarias que incluiste en las listas. Decide cuáles son los aspectos que más te gustaron y cuáles los que más te molestaron. Escribe la reseña dando todos los detalles posibles y explicando tus opiniones sobre la obra. Usa cláusulas **si** con tiempos compuestos. También usa **ponerse, volverse, hacerse, llegar a ser.**

_____

_____

_____

_____

_____

_____

_____

_____

_____

_____

_____

_____

_____

_____

_____

Workbook

CONTEXTOS

Lección 11
La tecnología y la ciencia

1 **Nuestra ciencia** *Nuestra ciencia* es una revista de divulgación científica. El equipo de la revista está preparando el próximo número. Abajo puedes ver las fotos y los títulos de los artículos que van a publicar. Indica la letra de la foto que corresponde a cada título. Hay una nota que no lleva foto.

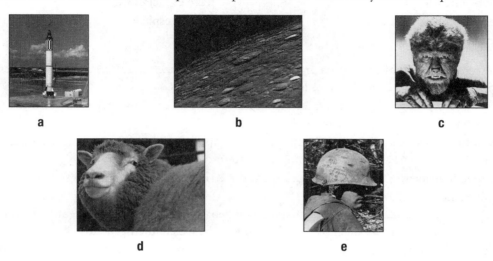

a   b   c

d   e

_____ 1. La oveja Dolly y la ética de la clonación

_____ 2. El Ariane desafía al mundo: irá a la estación espacial Alfa

_____ 3. La luna llena y los hombres lobo

_____ 4. ¿Cuál es el principal combustible en los países del Tercer Mundo?

_____ 5. Nuevos estudios de la superficie de la Luna

_____ 6. Guerra suave: llegan las armas que no matan

2 **Un epígrafe para las fotos** Un epígrafe es una descripción pequeña, una notita. Los epígrafes suelen acompañar las fotos. Completa los siguientes epígrafes o notitas con las palabras de la lista.

agujero negro	la luna llena
las armas	la nave espacial
clonado	las ondas
frasco	la superficie

1. Espumas que paralizan, redes poderosas, rayos láser ... Éstas son algunas de
_____ del nuevo siglo.

2. Todo está preparado para el lanzamiento de _____ Ariane.

3. El primer animal _____ que sobrevivió es Dolly.

4. Un _____ se produce cuando una estrella muy grande, vieja y cansada se destruye.

5. ¿Qué efecto causa _____ sobre los enamorados?

6. _____ de la Luna está cubierta de cráteres.

3 **El segundo título** En periódicos y revistas, es común poner debajo del título otro título que es más largo que el primero y que tiene más información. Este segundo título se llama "subtítulo". Completa los subtítulos con las palabras de la lista.

armas	herramienta
capa de ozono	luna llena
descubrimiento	nave espacial
especializado	prueba espacial
formuló	superficie

1. Un científico español está estudiando si es verdad que la _____ convierte al séptimo hijo varón en un hombre lobo.
2. El científico peruano Luis Ybarra, _____ en dinosaurios, _____ su teoría acerca del origen de las aves.
3. Las fotos tomadas por la _____ Apollo mostraron que la _____ de la Luna no tiene solamente montañas y cráteres.
4. Aunque la primera _____ falló, Arianspace aseguró que el segundo lanzamiento tendría éxito.
5. El _____ provocó preguntas y debates en la comunidad científica, en los medios de comunicación, en organismos de gobierno y en la sociedad en general.
6. Le presentamos las _____ de la nueva era; con ellas se quiere ganar batallas sin disparar un solo tiro.

4 **El glosario** Algunas notas de las revistas de divulgación científica van acompañadas de un glosario. El equipo de la revista *Nuestra ciencia* está eligiendo las palabras y expresiones de las notas que quiere definir en el glosario. Una de las palabras o expresiones de cada lista no pertenece al grupo. Tacha la palabra que no va con las demás.

1. célula	biotecnología	gravedad	gen
2. gen	nave espacial	prueba espacial	aterrizaje
3. superficie	cráter	satélite	ética
4. combustible	fuente de energía	consumo	ovni
5. invento	descubrimiento	capa de ozono	patente

5 **Definiciones** Indica qué definición corresponde a cada palabra.

1. _____ patente
2. _____ ética
3. _____ satélite
4. _____ ovni
5. _____ gen

a. Conjunto de reglas morales que regulan el comportamiento y las relaciones humanas
b. Partícula formada por ADN, que se encuentra en el núcleo de las células y que determina la herencia
c. Documento que se le da a alguien y en el que se le reconoce como autor de un invento
d. Objeto volador no identificado
e. Astro que gira alrededor de un planeta

ESTRUCTURA

11.1 Diminutives and augmentatives

1 **Libros para niños** Elvira Quiñones es una importante editora de libros para niños. Ahora quiere editar una revista de temas científicos para niños, y está buscando un nombre para la revista. Su equipo de trabajo le presenta algunos nombres, pero ella los rechaza porque quiere que el nombre sea un diminutivo. Cambia las palabras subrayadas en los títulos para que todos los nombres tengan un diminutivo.

1. <u>Inventos</u> del mundo

_____

2. Ciencia para los <u>pequeños</u>

_____

3. <u>Cerebros</u> en acción

_____

4. Ciencia para los más <u>jóvenes</u>

_____

5. <u>Fábrica</u> de ideas

_____

6. <u>Amigos</u> de la ciencia

_____

7. <u>Científicos</u>

_____

8. La <u>voz</u> de la ciencia

_____

2 **Elvira Quiñones y sus costumbres** Finalmente, Elvira llamó la revista *Cientifiquitos*. Ahora exige que en todos los títulos de las notas haya un diminutivo. Cambia las palabras subrayadas para cumplir la orden de la editora.

1. <u>Huevos</u> sin colesterol

_____

2. Gran invento: corrector gramatical para escribir <u>documentos</u> perfectos

_____

3. Las <u>estrellas</u> fugaces y los deseos

_____

4. Un <u>auto</u> que no usa combustibles fósiles

_____

5. <u>Teléfonos</u> celulares del tamaño de un diente

_____

6. Los hábitos de los <u>murciélagos</u>

_____

7. <u>Luz</u> que no contamina

_____

8. Un agujero negro muy <u>cerca</u> del Sol

_____

3 **Más costumbres de la editora** Elvira Quiñones no sólo ama los diminutivos. También ama los aumentativos. Y exige que en todos los subtítulos haya un aumentativo. Escribe en los espacios en blanco el aumentativo que corresponde a la definición entre paréntesis.

1. Ayer los científicos descubrieron un _____ (agujero enorme) en la capa de ozono.

2. ¿Por qué no les gusta a los profesores que los estudiantes digan _____ (palabras feas y desagradables)?

3. Antes, hombres, mujeres y niños dormían con un _____ (camisa grande y larga).

4. Sacaron del fondo del mar un _____ (barco grande) pirata que se hundió en 1756.

5. El Halley es un cometa _____ (muy grande).

6. Antonio Zubizarreta es un científico que tiene una excelente _____ (cabeza grande) para resolver problemas matemáticos.

7. En el mar de las Antillas vive una sardina que se llama _____ (boca grande) porque tiene una boca enorme. También tiene ojos enormes.

8. Félix Vázquez es un científico con una buena _____ (nariz grande) para adivinar problemas futuros.

4 **Los juegos** *Cientifiquitos* tiene una sección con juegos de mesa. Los nombres de los juegos también sufrieron a causa de las costumbres de Elvira. Algunos nombres de juegos fueron cambiados por un aumentativo y otros por un diminutivo. Realiza los cambios necesarios en las palabras a continuación.

Aumentativos

1. Rompecabezas → _____

2. Libro de ideas geniales → _____

3. El cohete → _____

4. Estrella de ocho puntas → _____

5. Palabras en la taza → _____

Diminutivos

6. Palos chinos → _____

7. Frasco con sorpresa → _____

8. Pez de agua dulce → _____

9. La nuez de Adán → _____

5 **Mostrar el cariño** Escribe una breve descripción de alguien o algo a quien le tienes mucho cariño. Usa palabras en diminutivo para expresar el afecto que sientes por esa cosa o esa persona. Sigue el modelo para escribir un parrafito sobre este tema.

modelo

Mi abuelita es una persona muy cariñosa y generosa...

_____

_____

_____

_____

_____

11.2 Pedir/pregutar and saber/conocer

1 **¿Cómo puede terminar?** Elige la opción correcta para terminar cada frase.

1. El científico les pidió a sus ayudantes...

   a. que ingresaran a la computadora los datos enviados por el satélite artificial.

   b. acerca de los datos enviados por el satélite artificial.

2. La directora de la revista le preguntó al redactor...

   a. que redactara la noticia acerca del nuevo agujero descubierto en la capa de ozono.

   b. sobre la noticia acerca del nuevo agujero descubierto en la capa de ozono.

3. El ingeniero le pidió a su compañero...

   a. las fotos de la Luna enviadas por la nave espacial Apollo.

   b. sobre las fotos de la Luna enviadas por la nave espacial Apollo.

4. El programador le preguntó al científico...

   a. que le dijera cómo funcionaba el nuevo corrector ortográfico.

   b. por el funcionamiento del nuevo corrector ortográfico.

5. El astronauta le pidió al piloto de la nave espacial...

   a. aterrizar en el lado oscuro de la Luna.

   b. por el aterrizaje en el lado oscuro de la Luna.

6. El ayudante de laboratorio le pidió a su director...

   a. que le diera un aumento de sueldo.

   b. por un aumento de sueldo.

2 **¿Qué dijo?** Todas las noches, cuando Andrés Menéndez llega a su casa, le cuenta a su esposa lo que dijo el ingeniero con quien trabaja durante el día. Su esposa lo escucha con mucha paciencia. Decide cuál es el verbo adecuado en cada caso.

1. El ingeniero me _____ (pidió – preguntó) por el nombre del autor de una noticia publicada hoy en *Nuestra ciencia*.

2. El ingeniero le _____ (pidió – preguntó) a su secretaria el teléfono del director de la Agencia de Investigaciones Científicas.

3. El ingeniero nos _____ (pidió – preguntó) los resultados de las pruebas de laboratorio.

4. El ingeniero me _____ (pidió – preguntó) acerca del experimento de clonación.

5. El ingeniero me _____ (pidió – preguntó) cómo se maneja el nuevo corrector ortográfico.

6. El ingeniero me _____ (pidió – preguntó) quién es el científico que inventó el teléfono celular.

3 **Cuando necesitaste algo** ¿Te acuerdas de alguna vez cuando necesitaste algo (algún favor, algún servicio, etc.) de alguien? ¿Cómo se lo pediste? ¿Qué le preguntaste? ¿Cómo te respondió? Escribe un breve párrafo para describir una experiencia en la que necesitaste algo y tuviste que pedírselo a alguien. Usa **pedir** y **preguntar**.

_____

_____

_____

_____

4 La entrevista laboral Andrés Menéndez está un poco cansado de trabajar con el ingeniero. Por eso solicitó un cambio a otro lugar. Hoy fue entrevistado por el científico Emilio Rosales, especializado en el estudio de genes. Abajo puedes leer las preguntas que le hizo Emilio a Andrés. Decide cuál es el verbo adecuado para cada pregunta.

1. ¿_____ (Sabe – Conoce) el nuevo corrector ortográfico?

2. ¿_____ (Sabe – Conoce) ingresar datos en la computadora?

3. ¿_____ (Sabe – Conoce) a los científicos que clonaron por primera vez un mamífero (*mammal*) adulto?

4. ¿_____ (Sabe – Conoce) qué es el ADN?

5. ¿_____ (Sabe – Conoce) el nombre de la técnica de bioingeniería usada para clonar a la oveja Dolly?

6. ¿_____ (Sabe – Conoce) cuántas células participan en una clonación?

7. ¿_____ (Sabe – Conoce) el debate que existe actualmente sobre la ética de la clonación de mamíferos?

8. ¿_____ (Sabe – Conoce) por qué la clonación de mamíferos adultos es tan discutida actualmente?

5 Informe Después de entrevistar a Andrés Menéndez, el científico Emilio Rosales le dio a su secretario un informe sobre esa entrevista. Lee el informe y completa los espacios en blanco con **sabe** o **conoce**.

INFORME

Entrevistado: Andrés Menéndez

Entrevistador: Dr. Emilio Rosales

- El bioingeniero Andrés Menéndez 1) _____ el nuevo corrector ortográfico, pero no 2) _____ manejarlo bien.

- 3) _____ ingresar datos en una base de datos, pero no 4) _____ el programa que estamos usando.

- 5) _____ quiénes son los científicos que clonaron por primera vez un mamífero adulto.

- 6) _____ bien las investigaciones sobre el ADN.

- También 7) _____ bien la técnica de bioingeniería usada para clonar a la oveja Dolly.

- 8) _____ que hay un debate sobre la ética de la clonación de mamíferos. Pero no 9) _____ quiénes están en contra de esta técnica de bioingeniería. Tampoco 10) _____ la causa del debate.

6 ¿Qué sabes de tecnología? El bioingeniero Andrés Menéndez sabe mucho sobre la tecnología, y conoce muchos procedimientos y técnicas para hacer su trabajo. Escribe un breve párrafo para describir tus conocimientos con respecto a la tecnología. Usa **saber** y **conocer** para explicar cómo usas tú la tecnología para hacer tu trabajo y para vivir tu vida.

_____

_____

_____

_____

11.3 Prepositions II: de, desde, en

1 **Pseudociencia** Muchos científicos llaman pseudocientíficos los periódicos y las revistas que hablan de los contactos entre los seres humanos y los extraterrestres. Lee los títulos y subtítulos de algunas noticias y elige, teniendo en cuenta las preposiciones, la oración que acompañó cada noticia.

Oraciones

a. Un niño observa un tren desde afuera, y se ve que unos hombrecitos verdes caminan en el tren.

b. Se ven unas ondas que se expanden a partir de una lejana estrella. No aparece la Tierra.

c. Un científico está colocando un vaso vacío en un balde (*bucket*) con agua. Está dentro de un museo.

d. Un teléfono vuela sobre una mesita mientras una persona lo mira con asombro.

e. Un científico está colocando un vaso con agua al lado de una escultura.

f. Se ven unas ondas que llegan desde una lejana estrella hasta la Tierra.

g. Un niño observa un tren desde afuera, y se ve que unos hombrecitos verdes caminan desde el tren hacia donde está el niño.

h. Un teléfono vuela desde una mesita hacia la persona que lo está mirando.

Títulos y subtítulos

_____ 1. ¡Impresionante! El teléfono de una casa voló desde la mesita.

_____ 2. ¡Impresionante! El teléfono de una casa voló en la mesita.

_____ 3. Se comprobó la existencia de fantasmas en el Museo Roca. Cuando un científico colocó el vaso de agua, el agua hirvió.

_____ 4. Se comprobó la existencia de fantasmas en el Museo Roca. Cuando un científico colocó el vaso en el agua, el agua hirvió.

_____ 5. Desde el espacio profundo llegaron ondas sonoras provocadas por seres vivos. Esto comprueba la vida extraterrestre.

_____ 6. En el espacio profundo hubo ondas sonoras provocadas por seres vivos. Esto comprueba la vida extraterrestre.

_____ 7. Contacto de un niño con hombrecitos verdes. Los extraños seres se movieron desde el tren.

_____ 8. Contacto de un niño con hombrecitos verdes. Los extraños seres se movieron en el tren.

2 **Más noticias pseudocientíficas** Completa los párrafos a continuación con **de, desde** o **en**, según corresponda.

Primer contacto

El primer contacto de la familia Sánchez con sus extraños visitantes se produjo
1) _____ 1985. 2) _____ ese año, los seres continuaron apareciendo cada año.
La casa 3) _____ los Sánchez está 4) _____ Puerto San Julián, una pequeña
ciudad portuaria en la Patagonia argentina. La teoría 5) _____ los científicos que fueron
consultados es que 6) _____ esa casa hay una enorme fuente 7) _____ energía
que es percibida por los extraterrestres.

El más allá

Marcelo González no creía 8) _____ el más allá. Por eso, cuando su amigo José Álvarez le
propuso entrar 9) _____ el consultorio 10) _____ la adivina (*fortuneteller*),
pensó solamente 11) _____ pasar un rato divertido. Pero allí cambió sus ideas. La adivina,
nacida 12) _____ las islas Fiji, le dijo cosas extrañas. Al salir 13) _____ la casa
14) _____ la adivina, Marcelo casi no podía caminar. Hizo grandes esfuerzos por ir
15) _____ allí hasta su casa. 16) _____ su casa recordó lo que había pasado.
17) _____ ese momento empezó a creer 18) _____ los fantasmas.

3 Un científico contra las pseudociencias Joaquín Riera es un científico. Está muy enojado por algunos efectos de las pseudociencias. Por eso, escribió un texto en el que denuncia algunas cosas. Completa varias oraciones de su texto con las expresiones de la lista.

de cierta manera	en broma
de nuevo	en contra
de pie	en fila
de vacaciones	en serio
de vuelta	en vano

1. Después de dos siglos de predominio científico, se observa cómo, _____, la gente comienza a creer en hombrecitos verdes y brujas (*witches*) como antes.
2. Hay días en que me pregunto si el avance de la ciencia fue _____.
3. En ocasiones, escucho a gente inteligente hablando de fantasmas. A veces me parece que hablan _____.
4. Pero muchas veces descubro, asustado, que lo creen _____.
5. Hace dos meses yo estaba _____. En la playa, había una adivina. ¡Fue increíble ver a tanta gente acercándose a ella!
6. Me parece que, _____, la humanidad está volviendo hacia atrás.
7. Creo que los organismos científicos deberían ponerse _____ para decir realmente lo que piensan de todo esto.
8. Estoy convencido de que todos los científicos deberíamos luchar juntos _____ de las pseudociencias.

4 Entrevista A Joaquín Riera le hicieron una entrevista. Escribe las preguntas del periodista, usando las preposiciones **de, desde** y **en.**

1. ¿_____?
   Ya hace dos años que estoy luchando contra los adivinos.
2. ¿_____?
   Lo que me lleva a hacer esto es un hecho concreto. Yo conocí a una joven que confió en una adivina. Ella estaba enferma y le creyó lo que le decía. La joven murió porque no quiso recibir tratamiento médico.
3. ¿_____?
   Sí, en mi libro hablo de los espectaculares descubrimientos de la ciencia: la clonación, la conquista del espacio, la informática.
4. ¿_____?
   En mi último viaje por los pueblos del sur observé que la gente sabía de algunos avances científicos. Pero su gran preocupación eran los fantasmas.
5. ¿_____?
   No, no creo en los pseudocientíficos. Creo en la ciencia.
6. ¿_____?
   No me llegó ningún informe sobre las supuestas emisiones de radio desde la estrella Beta. Creo que los periódicos se limitaron a informar sobre un rumor.
7. ¿_____?
   Actualmente estoy investigando sobre la posibilidad de reducir el consumo de energía a base de petróleo. Creo que muy pronto podremos usar agua en lugar de gasolina.
8. ¿_____?
   Estoy trabajando en la Universidad del Sur. Allí me siento cómodo.

LECTURA

1 **Antes de leer** ¿Qué sabes sobre la placa que fue enviada en la sonda espacial *Pioneer 10*? Haz una lista con lo que sabes sobre ese tema.

_____ _____

_____ _____

_____ _____

_____ _____

_____ _____

2 **Lee el artículo** Ahora lee el artículo. ¿Está alguno de los hechos que escribiste arriba?

La sonda espacial *Pioneer 10*

La sonda espacial *Pioneer 10* fue lanzada desde Cabo Cañaveral en 1972. Uno de los objetivos de esta nave era conseguir información para saber más sobre los planetas gigantes, es decir, Júpiter y Saturno. El otro objetivo era conocer si hay vida inteligente en otros mundos.

La sonda *Pioneer*, y también la *Voyager*, son los objetos construidos por el hombre que se encuentran más lejos de de la Tierra. Además, *Pioneer 10* fue el primer objeto humano en sobrepasar los límites del sistema solar. Está a 10.000 millones de kilómetros de la Tierra (que es lo mismo que decir: a 70 veces la distancia entre el Sol y la Tierra). Desde el lugar donde se encuentra, sus mensajes tardan en llegar a la Tierra alrededor de 20 horas.

Una de las principales partes de esta nave es su importantísima placa, que fue diseñada por Carl Sagan. Esta placa explica la situación de la Tierra y la fecha en que la nave fue construida. Pero lo más importante de la placa es la información que tiene sobre los seres humanos. La idea es que si la nave es encontrada por una civilización extraterrestre, podrá saber algo más de los humanos.

Desde que comenzaron a diseñar la placa, Carl Sagan y otros se preguntaban: "¿Qué deben saber los extraterrestres sobre los seres humanos?" Y también se preguntaban: "¿Cuánto conocemos nosotros a la humanidad?" Dos preguntas difíciles de contestar. Después de muchos debates, los científicos decidieron que debía haber un dibujo de un hombre y una mujer, saludos de seres humanos en todos los idiomas y música de diferentes épocas y lugares. No fue fácil decidir.

Carl Sagan dijo alguna vez que tal vez los seres humanos no podríamos conocer los resultados de esta misión, pero que eso no era lo importante. No sería en vano haber armado esa placa. La tarea de decidir lo que nos representaba como seres humanos había sido muy importante en sí misma. ●

3 **Después de leer** Contesta las preguntas a continuación.

1. ¿Desde cuándo está en el espacio la sonda *Pioneer 10*? ¿Cuántos años lleva recorriendo el espacio?

_____

2. ¿Desde dónde envía sus transmisiones actualmente?

_____

3. ¿Qué querían saber los científicos que la enviaron al espacio? ¿Cuál de los dos conocimientos te parece más importante? ¿Por qué?

_____

4. ¿Para qué se diseñó la placa que está en la sonda *Pioneer*?

_____

5. Los científicos se hicieron dos preguntas para decidir qué poner en la placa. ¿Cuál de las dos preguntas te parece más importante? ¿Por qué?

_____

4 **Para pensar y escribir** Cuando se estaba armando la placa de la sonda espacial *Pioneer 10* hubo un gran debate. Había quienes decían que la idea era maravillosa. Pero también había gente que estaba en contra, porque decían que si la placa era encontrada por seres invasores, tendrían demasiada información sobre la Tierra y los seres humanos. ¿Qué opinas tú? Justifica tu respuesta.

_____

_____

_____

_____

_____

_____

_____

_____

_____

_____

_____

_____

_____

_____

_____

_____

_____

_____

_____

_____

COMPOSICIÓN

Es claro que la tecnología ha cambiado la forma de vida de los seres humanos. Lo que no es tan claro es si realmente la ha mejorado. ¿Qué opinas tú? Imagina que quieres escribir una carta sobre el tema. La carta será publicada en la revista *Opinión abierta*.

1 **Debates sobre la tecnología** Organiza algunas ideas a partir de ejemplos. Basándote en la siguiente lista, piensa si la tecnología es positiva o negativa. Indica los aspectos positivos y negativos de los distintos inventos que se nombran, como en el modelo.

> **modelo**
> Corrector ortográfico: Es positivo, porque ayuda a no equivocarse cuando uno escribe.
> Es negativo porque la gente deja de aprender ortografía; el corrector hace lo que deberían
> hacer las personas.

las armas nucleares: _____

_____

el uso de la energía solar: _____

_____

la clonación: _____

_____

el teléfono celular: _____

_____

los satélites artificiales: _____

_____

2 **Toma una posición** Decide cuál de las siguientes posturas tomarás.
- los avances tecnológicos han mejorado la vida de los seres humanos
- los avances tecnológicos no han mejorado la vida de los seres humanos

3 **Elabora tu posición** Elabora la posición que has elegido, complicándola un poco. Completa las oraciones a continuación.

1. Los avances tecnológicos han mejorado la vida de los seres humanos. De todos modos...

_____

2. Los avances tecnológicos no han mejorado la vida de los hombres. De todos modos...

_____

4 **Planifica tu texto** Escribe notas para organizar tu texto.

1. ¿Cómo comenzarás tu texto?

_____

_____

2. ¿Qué ejemplos usarás?

_____

_____

3. ¿Cómo terminarás?

_____

_____

_____

5 **Escribe tu texto** Recuerda que es una carta dirigida a una revista.

_____

_____

_____

_____

_____

_____

_____

_____

_____

_____

_____

_____

_____

_____

_____

_____

_____

_____

_____

_____

_____

_____

_____

_____

CONTEXTOS

Lección 12

La historia y la civilización

1 **Definiciones** Andrés Ramos es profesor de historia en la escuela secundaria. Sabe que su materia es muy difícil y por eso prepara muchos ejercicios, como el que aparece a continuación, para que sus alumnos aprendan. Indica a qué palabras corresponden las siguientes definiciones.

armado   esclavitud
caudillo   invadir
coraje   monarca
década   suprimir
descubridor   tribu

1. _____: príncipe soberano de un estado

2. _____: persona que dirige algún grupo de gente, sobre todo en la guerra

3. _____: período de diez años

4. _____: persona que descubre algo

5. _____: que lleva armas

6. _____: entrar por la fuerza en un lugar

7. _____: situación en la cual una persona está sometida a otra

8. _____: grupo de personas en el que están divididos algunos pueblos

2 **Una de más** En este ejercicio, los alumnos de Andrés debían escribir listas de palabras relacionadas. Pero se equivocaron, y en todas las listas pusieron una palabra adicional que no está relacionada con las demás. Corrige las listas, indicando la palabra equivocada que no va.

1. monarca   caudillo   presidente   pueblo
2. liberar   invadir   oprimir   perseguir
3. siglo   territorio   década   Edad
4. culto   inculto   sabio   conocedor
5. érase una vez   habíase una vez   cierto día   porque
6. en vías de desarrollo pobre   injusto   desarrollado
7. esclavitud   explotación   derrota   gobierno
8. huir   pelear   derribar   conquistar

3 **Más definiciones** En el ejercicio 1, los alumnos de Andrés leyeron las definiciones y escribieron las palabras correspondientes. Pero ahora tienen que escribir las definiciones de algunas nuevas palabras. Elige seis de las palabras de la siguiente lista y escribe una breve definición para cada una. Puedes usar el ejercicio 1 como modelo.

aislado	indígena
aldea	poblar
alrededores	poderoso
derrotar	rescatar
huir	siglo

1. _____

2. _____

3. _____

4. _____

5. _____

6. _____

4 **Un período en la historia** ¿Hay algún período de la historia que te interese más que otros? Elige un período de la historia de tu país o de la historia del mundo (por ejemplo, la Segunda Guerra Mundial) que encuentres muy interesante, y escribe un párrafo para describir ese período. Usa cinco de las palabras de la siguiente lista, e incluye cinco palabras más de la lección que no están en la lista.

conocimiento	salvar
explotación	soberanía
oprimir	sociedad
reino	victorioso

_____

_____

_____

_____

_____

_____

_____

_____

_____

_____

ESTRUCTURA

12.1 Prepositions III: entre, hasta, sin

1 **Elegir** Completa las oraciones a continuación con **entre, hasta** o **sin**.

1. Hay varias hipótesis sobre el origen de los humanos en el continente americano.
   _____ ellas, la del antropólogo argentino Florentino Ameghino.
2. Ameghino decía que la especie humana se había originado en América. Hoy sabemos que
   Ameghino formuló esa idea _____ demasiados fundamentos.
3. _____ mediados del siglo XX, aún no se había encontrado en América ningún
   rastro de humanos parecidos al Neardenthal.
4. _____ todos los esqueletos encontrados, ninguno se diferencia mucho de los
   humanos modernos.
5. _____ embargo, sí se han encontrado restos (*remains*) de animales extintos hace
   cientos de miles de años.
6. _____ ellos está el mastodonte del Ecuador, un bisonte (*bison*) fósil y un elefante
   antiguo.
7. Lo más curioso es que muchos de esos esqueletos de animales se encontraron
   _____ otros restos, los cuales muestran la presencia de seres humanos.
8. Es probable que esos animales hayan sobrevivido en América _____ hace sólo
   unos pocos miles de años.

2 **Pasar en limpio** Escribe las oraciones dos veces. La primera vez, reescribe la oración con la
preposición indicada. La segunda vez, reescríbela usando una de las otras dos preposiciones que no
usaste la primera vez. Sigue el modelo.

> **modelo**
>
> Los investigadores creen que los humanos llegaron a América hace no más de 20.000 años.
> a. Entre los investigadores se cree que los humanos llegaron hace no más de 20.000 años.
> b. Los investigadores creen que los humanos no llegaron <u>hasta</u> hace 20.000 años.

1. Las grandes culturas americanas alcanzaron su mayor esplendor en nuestra era.
   a. Hasta _____
   b. _____
2. Todos los científicos creen que los primeros habitantes de América llegaron de otras tierras.
   a. Entre _____
   b. _____
3. Es probable que los pobladores de Asia, que pasaban por un período de hambre, cruzaran el
   estrecho de Bering por tierra.
   a. Sin _____
   b. _____
4. De todos los restos más antiguos encontrados en América, los más importantes son las puntas de
   piedra encontradas en Nuevo México.
   a. Entre _____
   b. _____
5. Por ahora, se han encontrado muchas herramientas como cuchillos y perforadoras.
   a. Hasta _____
   b. _____

3 | **Síntesis de preposiciones** Vas a escribir sobre la historia de algún país, algún evento histórico o alguna época histórica que te interese mucho.

- Primero, haz una lista de eventos, personajes y conceptos esenciales para escribir sobre el tema que has elegido.

_____   _____

_____   _____

_____   _____

- Después, haz una lista de las palabras de vocabulario que necesitarás para escribir sobre el tema que has elegido.

_____   _____

_____   _____

_____   _____

- Usa por lo menos seis de las preposiciones que se han presentado hasta ahora, las cuales aparecen en la lista a continuación.

a	desde	hacia
con	en	hasta
de	entre	sin

_____

_____

_____

_____

_____

_____

_____

_____

_____

_____

_____

_____

_____

_____

_____

_____

_____

_____

_____

_____

_____

_____

_____

12.2 Summary of the indicative

1 **Fragmentos de clase** Andrés Ramos está dando una clase sobre las culturas americanas antiguas. Desde afuera del aula (*classroom*), se escuchan algunas frases. Indica cuál de los tres es el tiempo verbal que utilizó Andrés.

1. Desde hace siglos, todos los pueblos (intentarían   han intentado   intentarán) explicar los orígenes de los humanos.

2. "¿Cómo (aparecieron   aparecemos   apareceríamos) sobre la tierra?" Ésa (es   será   sería) la gran pregunta.

3. Para contestarla, muchos pueblos (inventaron   habrían inventado   habrán inventado) historias.

4. Esas historias (eran   serán   son) los mitos de hoy.

5. En la próxima hora, (leen   leyeron   leerán) algunos mitos de distintos pueblos.

6. La ciencia también (trataría   tratará   trata) de responder a la misma pregunta, pero no lo (hace   haría   habrá hecho) con historias.

7. Los científicos (buscaron   buscan   buscarán) y todavía hoy (siguieron   siguen   seguirán) buscando pruebas para contestar esa pregunta.

8. Los restos de esqueletos, los objetos antiguos, las obras de arte y los restos de viviendas antiguas les (servirían   servirán   han servido) a los arqueólogos para formular hipótesis sobre cómo (vivían   vivirán   viven) los humanos antiguos.

2 **Algunos mitos** La clase de Andrés continúa. Él les pidió a sus alumnos que leyeran un mito de los mayas. Completa el párrafo que cuenta este mito. Usa el pretérito o el imperfecto de los verbos entre paréntesis.

Los mayas ki-ché tienen un mito que cuenta el origen del ser humano. Ellos creen que el ser humano no 1) _____ (ser) hecho de una sola vez, sino que los dioses lo 2) _____ (intentar) tres veces. La primera vez lo 3) _____ (hacer) de barro (*mud*), pero esos humanos 4) _____ (ser) muy flojos y se 5) _____ (caer). Por eso, los dioses los 6) _____ (destruir). Después, lo 7) _____ (fabricar) de madera, pero 8) _____ (parecer) muy duros, y no 9) _____ (poder) pensar en los dioses. Los dioses 10) _____ (dejar) que se los comieran los animales salvajes. Por último, lo 11) _____ (construir) de maíz amarillo y blanco. Esos humanos, que 12) _____ (ser) creados con alimento, 13) _____ (poder) hablar y pensar en los dioses. Nosotros somos los hijos de los hijos de los hijos de aquellos humanos.

3 **Variante** Para contar una historia que ocurrió en el pasado, a veces puede usarse el presente del indicativo. Escribe un breve párrafo para resumir (*to summarize*) el mito de los mayas ki-ché que leíste en el ejercicio 2. Usa el presente del indicativo.

_____

_____

_____

_____

_____

4 **Otra variante** Como los alumnos de Andrés no creen que el mito de los mayas ki-ché sea cierto, para narrarlo usan el condicional. Escribe un breve párrafo para describir el mito de los mayas ki-ché que leíste en el ejercicio 2. Usa el condicional para especular sobre el origen del ser humano según el mito.

_____

_____

_____

_____

_____

5 **Preguntas para pensar** Contesta las preguntas a continuación sobre el mito de los mayas ki-ché.

1. ¿Por qué los dioses habrán destruido a los humanos de barro?

_____

2. Si los humanos de madera hubieran podido pensar en los dioses, ¿se los habrían comido los animales salvajes? ¿Por qué?

_____

_____

3. ¿Por qué en el mito de los mayas serían los humanos de hoy los fabricados con maíz?

_____

_____

6 **Un dato interesante** Lee el siguiente texto y haz cinco preguntas según la información dada. Usa los tiempos verbales indicados en las preguntas.

Cuando los españoles llegaron a América, destruyeron los textos sagrados de los mayas. Pero los mayas, que sabían conservar la memoria de su pueblo, memorizaron durante mucho tiempo la historia, puesto que se la contaban unos a otros. Mucho tiempo después, un sacerdote español escuchó esta historia y la escribió.

1. (condicional perfecto) _____

2. (futuro perfecto) _____

3. (presente perfecto) _____

4. (pretérito) _____

5. (pasado perfecto) _____

12.3 Summary of the subjunctive

1 **El nuevo profesor de historia** Andrés Ramos tuvo que mudarse a otra ciudad. Héctor Quevedo es el nuevo profesor de historia. Durante la primera clase conversó con los alumnos para evitar futuros problemas. Les dijo lo que piensa sobre la historia, sobre el papel del profesor y sobre lo que quiere de sus alumnos. Indica la forma verbal adecuada para completar cada oración.

1. Creo que la historia (es   sea   ser) un conocimiento importantísimo para comprender los cambios políticos actuales.

2. No les exigiré (aman   amen   amar) la historia como la amo yo.

3. Pero quiero que (sienten   sientan   sentir) respeto por ella.

4. Es cierto que yo (doy   dé   dar) muchas tareas.

5. Pero no es cierto que yo (soy   sea   ser) injusto.

6. Sin embargo, siempre esperaré que (hacen   hagan   hacer) las tareas.

7. Les recomiendo que (estudian   estudien   estudiar) bien los movimientos políticos de los pueblos americanos.

8. Les aconsejo también que en los informes escritos (tienen   tengan   tener) mucho cuidado con la ortografía.

2 **Los incas** Después de conversar con los alumnos, el profesor Quevedo les habló sobre los incas, un pueblo precolombino (*Pre-Columbian*). Usa el imperfecto del indicativo o el pasado del subjuntivo para completar las oraciones con los verbos entre paréntesis.

1. Trescientos años antes de que _____ (llegar) los españoles, los incas ocuparon el valle del Cuzco, en lo que es hoy Perú.

2. En esa época , estos indígenas _____ (estar) encabezados por un inca llamado Manco Cápac.

3. Antes de que _____ (poblar) el valle del Cuzco, vivían en lo que es hoy Bolivia.

4. Buscaban una región que _____ (tener) mejor clima y suelos para cultivar.

5. Cuando los incas llegaron a Perú, un pueblo pacífico _____ (vivir) en el valle del Cuzco.

6. Fue necesario que los incas _____ (expulsar) a ese pueblo.

7. Más tarde invadieron y conquistaron los pueblos y reinos que _____ (residir) en los alrededores.

8. Así, los incas formaron un gran imperio que _____ (ser) gobernado por un Inca.

9. Ellos no creían que el Inca _____ (ser) una persona común, sino que creían que _____ (ser) hijo del Dios Sol.

3 **Llegada al valle del Cuzco** ¿Qué pensó el pueblo pacífico que vivía en el valle del Cuzco cuando vio llegar a los incas a su región? Completa las oraciones a continuación de manera original.

1. Pensaron que _____

2. Dudaban que _____

3. Preferían que _____

4. Insistieron en que _____

5. Tan pronto como _____

6. Necesitaban que _____

4 **Dudas** El profesor Quevedo quiere darles un examen escrito a sus alumnos. Antes del examen, el profesor aclara algunas dudas. Completa las oraciones del diálogo con la forma adecuada de los verbos entre paréntesis. Elige la persona y el tiempo apropiados del subjuntivo.

ANDREA ¿Atahualpa ya era el emperador de los incas cuando llegaron los españoles?

PROFESOR Sí. Siete años antes de que el conquistador español Francisco Pizarro

1) _____ (llegar) a la capital del imperio incaico, Atahualpa había

derrotado a su hermano.

MARIO ¡Ahh! Yo dudaba de que Atahualpa 2) _____ (derrotar) a su hermano.

PROFESOR Si 3) _____ (leer) con atención, no tendrías dudas sobre qué pasó con

Atahualpa y su hermano.

ANDREA ¿Es importante que nosotros 4) _____ (recordar) las fechas exactas?

PROFESOR Lo importante es que ustedes 5) _____ (conocer) cuáles fueron los eventos

y cuáles fueron las causas de esos eventos.

MARIO Pero es mejor que también 6) _____ (saber) las fechas. ¿Verdad?

PROFESOR Es bueno que 7) _____ (estudiar) las fechas. Pero no les haré preguntas

sobre ellas en el examen. ¿No hay más preguntas? Entonces nos vemos la semana

próxima. Ojalá les 8) _____ (ir) bien a todos.

5 **Fin de año en la escuela** Cuando terminan las clases, los alumnos del profesor Héctor Quevedo le dicen qué recibieron y qué aprendieron de sus enseñanzas. Elige la frase adecuada para completar lo que dicen los alumnos.

1. En esta escuela, no hay ningún otro profesor que ...

   a. hubiera enseñado historia de una manera tan clara.

   b. había enseñado historia de una manera tan clara.

   c. enseñe historia de una manera tan clara.

2. Queremos que el año próximo ...

   a. usted es nuestro profesor de historia.

   b. usted sea nuestro profesor de historia.

   c. usted fuera nuestro profesor de historia.

3. Le habría dedicado más tiempo a la historia, ...

   a. si hubiera sabido que es tan interesante.

   b. si habría sabido que es tan interesante.

   c. si había sabido que es tan interesante.

4. Le agradezco que ...

   a. me haya enseñado a pensar.

   b. me enseñara a pensar.

   c. me ha enseñado a pensar.

Workbook

LECTURA

1 **Antes de leer** Piensa sobre las preguntas a continuación.

1. ¿Qué pueblos de la América precolombina conoces?

_____

2. ¿Qué sabes de los mayas?

_____

3. Imagina que buscas en una enciclopedia información sobre un pueblo indígena de la América precolombina. ¿Qué información crees que te dará la enciclopedia? Escribe una lista de los datos que crees que encontrarás (por ejemplo, organización de la sociedad).

_____   _____

_____   _____

_____   _____

2 **Lectura** Lee la siguiente nota de enciclopedia. Luego contesta las preguntas que se encuentran a continuación.

Los mayas Cuando los españoles llegaron al actual territorio de Guatemala, encontraron una civilización organizada, culta y poderosa: los mayas. Entre los siglos XX a.C. y XV d.C. aproximadamente, los mayas poblaron parte de Guatemala y Honduras y se extendieron hasta el sur de Yucatán. Estaban organizados en varios estados independientes y hablaban distintas lenguas.

Los mayas creían que antes de que existiera nuestro mundo, habían existido otros mundos. Pero todos ellos habían sido destruidos. También creían en muchos dioses.

Eran un pueblo con gran sabiduría. Desarrollaron un calendario muy preciso, con un año de 365 días. El año tenía 18 meses de 20 días cada uno y un mes de sólo cinco días. También desarrollaron el sistema de escritura más completo de todos los pueblos indígenas americanos. Los sacerdotes se encargaban de escribir a mano libros sobre todos sus conocimientos: astronomía, matemática, historia, medicina y botánica. También escribían libros sobre sus mitos y relatos sobre el origen del mundo, de las cosas, de las leyes y de las personas.

Entre los años 1535 y 1536, el obispo español Diego de Landa ordenó que se quemaran todos los libros de los mayas. Sólo quedaron tres: el Popol Vuh, el Chilam Balam y los anales de Cakchiqueles. El obispo nunca pudo olvidar la tristeza con la que los mayas veían quemar sus libros sagrados. Los mayas veían el mundo de una forma que los españoles no comprendían ni aceptaban. Los españoles creían que la religión de los pueblos conquistados eran ideas inapropiadas. Por eso ordenaron que se quemaran sus libros. Además, los españoles deseaban imponer su propia religión. No supieron respetar las costumbres, la historia, las creencias y el arte del imperio maya. En esa época, sólo buscaban oro y plata y explotar el trabajo del indígena. Los indígenas fueron esclavizados y tratados cruelmente.

Es sorprendente que los españoles los hayan oprimido de esa manera. Pero es más sorprendente que los mayas hayan sobrevivido a esa explotación, y que todavía hoy sean un alto porcentaje de la población en algunas partes de México y de Guatemala.

Workbook

3 **Después de leer** Contesta las siguientes preguntas.

1. ¿En qué párrafos de la nota de enciclopedia se desarrollan los siguientes temas?

    a. conocimientos y técnicas desarrolladas

    _____

    b. quema de libros

    _____

    c. lugar donde vivieron

    _____

    d. creencias religiosas

    _____

    e. época en la que vivieron

    _____

2. ¿Qué conocimientos desarrollaron los mayas?

    _____

    _____

    _____

3. ¿Crees que el obispo de Landa se arrepintió de haber ordenado que se quemaran los libros de los mayas?

    _____

    _____

    _____

4. ¿Por qué ordenó que se quemaran los libros?

    _____

    _____

    _____

5. ¿Cómo eran tratados los pueblos indígenas por los españoles?

    _____

    _____

    _____

6. ¿Qué le sorprende al autor de la nota de enciclopedia?

    _____

    _____

    _____

COMPOSICIÓN

Algunos de los nombres de culturas indígenas, como los mayas, los incas y los aztecas, se reconocen fácilmente. Pero éstas son sólo algunas de las civilizaciones indígenas de la América precolombina. Vas a escribir un breve informe (*report*) sobre una de las muchas culturas indígenas de la América precolombina.

1 **Elegir el tema** Elige una civilización indígena de la América precolombina. Busca información sobre esa civilización (por ejemplo: incas, aztecas, chibchas, mainas, mapuches, guaraníes, etc.) en la biblioteca o en Internet. Escribe un breve informe sobre esa civilización: la región que ocupaban, entre qué años la ocuparon, cómo estaban organizados, de qué vivían, en qué creían, etc.

2 **Organizar las ideas** El informe debe incluir tus opiniones acerca de lo siguiente: el derecho de un pueblo de conquistar a otro pueblo, el derecho de tratar a los conquistados como esclavos, la imposición de una religión, la imposición de una lengua y, si ocurrió, la destrucción de libros, imágenes religiosas y artesanías.

3 **Escribir el informe** Para escribir tus opiniones, usa algunas de las expresiones a continuación.

(no) creemos que	(no) consideramos que
(no) estamos seguros/as de que	(no) es bueno que
(no) es evidente que	(no) es necesario que
(no) negamos que	(no) es una lástima que
(no) es seguro que	(no) es urgente que
(no) es cierto que	(no) es sorprendente que

_____

_____

_____

_____

_____

_____

_____

_____

_____

_____

_____

_____

_____

_____

CONTEXTOS

Lección 1

Las relaciones personales

1 **Identificación** Marta te va a dar una breve descripción de Amanda, su compañera de apartamento. Elige los adjetivos que escuches en su descripción.

_____ alta	_____ irresponsable	_____ simpática
_____ antipática	_____ moderna	_____ sociable
_____ baja	_____ orgullosa	_____ tacaña
_____ generosa	_____ permisiva	_____ tradicional

2 **Una carta muy especial** Rosa, una psicóloga, tiene un programa de radio en el que aconseja sobre problemas sentimentales. Escucha mientras Rosa lee una carta. Después, completa las oraciones con la opción correcta.

1. La persona que escribe la carta es _____.
   a. un chico joven   b. un señor mayor
   c. una abuelita
2. El motivo de la carta es _____.
   a. un problema de autoestima   b. un problema laboral
   c. un problema sentimental
3. Los amigos de Antonio _____.
   a. no tienen experiencia en temas sentimentales   b. son antipáticos
   c. siempre están juntos
4. Antonio sospecha que _____.
   a. a su novia la pone nerviosa Juan Carlos   b. a su novia le gusta Juan Carlos
   c. a su novia la odia Juan Carlos
5. Antonio no quiere hablar con Juan Carlos sobre este problema porque _____.
   a. Juan Carlos es antipático   b. Antonio es tímido
   c. Antonio es orgulloso
6. Antonio _____.
   a. no quiere discutir con su novia   b. quiere discutir con Juan Carlos
   c. quiere discutir con sus amigos

3 **El resumen** Imagina que trabajas como ayudante de Rosa. Ella recibe muchas cartas todos los días y no tiene tiempo de leerlas. Vuelve a oír la carta de la **Actividad 2** y escribe un resumen para Rosa de dos o tres frases explicando el problema de Antonio.

_____

_____

_____

_____

_____

_____

_____

_____

Lab Manual

ESTRUCTURA

1.1 Nouns, articles, and adjectives

1   **Las interferencias** Rosa está entrevistando a un candidato para un puesto en su programa de radio. El candidato habla desde un teléfono celular y hay muchas interferencias. Escucha la conversación y ayuda a Rosa completando los artículos que faltan.

ROSA   ¿Aló? ¿Es usted el señor García Montoya?

CARLOS   Sí, yo soy Carlos García Montoya.

ROSA   Señor Montoya, le habla Rosa Cádiz, del programa de radio. ¿Tiene unos minutos para hablar sobre su solicitud de trabajo?

CARLOS   Sí, sí, Rosa. Ahora es 1) _____ buen momento. No tengo que estar en 2) _____ trabajo hasta 3) _____ nueve en punto.

ROSA   Estupendo. Mire, yo quería hacerle 4) _____ preguntas sobre su experiencia en 5) _____ radio.

CARLOS   ¿Creo que dijo que quiere saber sobre mi experiencia en 6) _____ radio? Pues verá, yo trabajé en 7) _____ programa de charlas nocturnas con WPCL.

ROSA   ¿Esa emisora forma parte de 8) _____ grupo de emisoras hispanas de Estados Unidos?

CARLOS   Sí, sí, es 9) _____ de las más conocidas. Allí trabajé durante dos años.

ROSA   ¿Le gustó 10) _____ trabajo? ¿Se siente cómodo trabajando en 11) _____ radio?

CARLOS   Sí, me gustó mucho, por eso estaba mirando 12) _____ anuncios clasificados para encontrar un puesto similar.

ROSA   Mire, 13) _____ verdad es que es muy difícil hablar por teléfono con tantas interferencias. ¿Por qué no viene y así nos conocemos en persona?

CARLOS   Me parece 14) _____ idea estupenda. Puedo estar ahí a 15) _____ cuatro, después del trabajo. ¿Le parece bien?

ROSA   Sí, a 16) _____ cuatro estoy libre. Le espero aquí en mi oficina, entonces. ¡Que pase un buen día!

CARLOS   Gracias, usted también. ¡Hasta esta tarde!

2   **Esa tarde** Son las tres y media de la tarde y Rosa te ha pedido que prepares una lista de preguntas para el candidato. Escucha atentamente y elige los adjetivos que oyes.

_____ ambicioso	_____ flexible	_____ ideal	_____ sociable
_____ arrogante	_____ fundamental	_____ internacional	_____ talentosa
_____ dedicado	_____ generoso	_____ profesional	_____ trabajador
_____ expresivo	_____ huraño	_____ sincero	_____ tradicional

Basándote en la información que Rosa te dio, escribe cinco preguntas para el candidato.

modelo

¿Qué estudios tiene usted?

1. ¿_____?
2. ¿_____?
3. ¿_____?
4. ¿_____?
5. ¿_____?

1.2 Present tense of regular and irregular verbs

1   **En busca de apartamento**   Carlos, el candidato al puesto de radio, consiguió el puesto. Ahora quiere alquilar un apartamento cerca del trabajo. El señor Arroyo, dueño del edificio, quiere que Carlos le hable sobre su estilo de vida antes de alquilarle el apartamento. Escucha a Carlos para determinar si las oraciones de abajo son **ciertas** o **falsas.**

El señor Arroyo

Carlos García Montoya

		Cierto	Falso
1.	Carlos cree que el dueño debe alquilarle el apartamento.	❏	❏
2.	La vida de Carlos es muy interesante y divertida.	❏	❏
3.	Carlos sólo tiene un trabajo.	❏	❏
4.	Carlos mira películas en la televisión todas las tardes.	❏	❏
5.	Los amigos de Carlos piensan que él trabaja demasiado.	❏	❏
6.	Carlos es no es una persona productiva, es muy vago.	❏	❏

2   **Tú preguntas**   Imagina que tú eres el/la dueño/a del edificio. Vuelve a oír la conversación de la **Actividad 1** y escribe cinco preguntas que le haces a Carlos para saber si quieres alquilarle el apartamento.

1. _____
2. _____
3. _____
4. _____
5. _____

Ahora contesta las cinco preguntas que escribiste como si fueras *(as if you were)* Carlos.

1. _____
2. _____
3. _____
4. _____
5. _____

1.3 Stem-changing verbs

1 **El compañero de apartamento ideal** ¿Recuerdas a Marta y Amanda, las compañeras de apartamento que eran tan opuestas? Amanda ya no vive allí y Marta está buscando una nueva compañera de apartamento. Dos personas han dejado mensajes en la contestadora de Marta. Escucha los mensajes y relaciona cada cualidad con la persona adecuada, para ayudarla a decidir quién es la mejor compañera.

Candidatas	flexible	organizada	estudiosa	activa
Andrea	_____	_____	_____	_____
Yolanda	_____	_____	_____	_____

2 **Identificar** Contesta las preguntas según la información de los mensajes telefónicos que dejaron para Marta. Escucha otra vez los mensajes para recordar mejor los detalles.

1. _____
2. _____
3. _____
4. _____
5. _____

3 **Para conocernos mejor** Marta y Yolanda han decidido salir juntas el viernes por la tarde para conocerse mejor y determinar si deben ser compañeras de apartamento. Ahora están decidiendo qué hacer esa tarde. Escucha su conversación y después responde a las preguntas.

1. ¿Qué están leyendo Marta y Yolanda?

   _____

2. ¿Para qué lee Marta el periódico de la universidad?

   _____

3. ¿Qué tipo de información incluye el periódico?

   _____

4. ¿Qué quiere hacer Yolanda el viernes por la noche?

   _____

5. ¿Cómo van a conseguir las entradas para el teatro?

   _____

6. ¿Qué le preocupa a Yolanda?

   _____

7. ¿Qué va a hacer Marta la próxima vez que salga con Yolanda?

   _____

8. ¿Cómo se llevan Marta y Yolanda?

   _____

Lab Manual

1.4 Ser and estar

1 **Un noviazgo singular** Pedro y su novia Leticia se quieren mucho, aunque *(although)* existen muchas diferencias de personalidad entre ellos. Mira el dibujo y elige **cierto** o **falso** para cada oración que oyes. Si es falsa, corrígela escribiendo una oración con **ser** o **estar**.

	Cierto	Falso	
1.	❏	❏	_____
2.	❏	❏	_____
3.	❏	❏	_____
4.	❏	❏	_____
5.	❏	❏	_____
6.	❏	❏	_____

2 **Aprendiendo español** Andrés, un amigo de Yolanda, está estudiando español este semestre. El problema es que Andrés no sabe cuándo debe usar **ser** y cuándo debe usar **estar**. Escucha a Andrés mientras lee las frases que ha escrito para su composición y completa cada una con el verbo correcto después de escucharla.

1. _____   5. _____

2. _____   6. _____

3. _____   7. _____

4. _____   8. _____

3 **Andrés y su vida estudiantil** Escucha las oraciones y decide si las frases incompletas a continuación se completan con **ser** o **estar**. Elige el infinitivo apropiado y completa la frase con la forma correcta de **ser** o **estar**.

	Ser	Estar		
1.	❏	❏	_____	trabajador.
2.	❏	❏	_____	en los EE.UU.
3.	❏	❏	_____	enfermo.
4.	❏	❏	_____	las nueve de la mañana.
5.	❏	❏	_____	estudiantes.
6.	❏	❏	_____	enojados.
7.	❏	❏	_____	inteligente.
8.	❏	❏	_____	más lejos ahora.

Lab Manual

CONTEXTOS

Lección 2

Las diversiones

1 **Identificación** Escucha lo que dicen Alicia, Manolo y Pilar y después elige qué planes tiene cada uno para el fin de semana.

	ir a un concierto de rock	jugar al tenis en un torneo	ir a bailar	ver una película	salir a comer
Alicia					
Manolo					
Pilar					

2 **Preguntas** Ahora vuelve a escuchar los planes que tienen Alicia, Manolo y Pilar en la **Actividad 1** y responde a las preguntas.

1. ¿En qué año de sus estudios está Alicia?

   _____

2. ¿Por qué está emocionada Alicia con el concierto del sábado por la noche?

   _____

3. ¿Qué va a hacer Manolo este sábado?

   _____

4. ¿Por qué está enojada la novia de Manolo?

   _____

5. ¿Qué estudia Pilar Ramos?

   _____

6. ¿Qué hace Pilar todos los sábados por la noche?

   _____

3 **Alicia y Pilar** Alicia y Pilar, de la **Actividad 2,** están hablando por teléfono. Escucha su conversación y, después, determina si las oraciones que siguen son **ciertas** o **falsas.** Después, corrige las falsas y escríbelas correctamente en el espacio indicado.

Alicia

Pilar

		Cierto	Falso
1.	Alicia está de buen humor cuando contesta el teléfono.	❏	❏
2.	Alicia reconoce la voz de la persona que llama por teléfono.	❏	❏
3.	Pilar y Alicia se conocen desde hace dos años.	❏	❏
4.	El cumpleaños de Alicia es el sábado.	❏	❏
5.	Pilar y Ricardo son novios desde el primer grado.	❏	❏
6.	Alicia tiene ocho entradas para el concierto de U2.	❏	❏

Lab Manual

ESTRUCTURA

2.1 Progressive forms

1 **La ex-novia de Jorge** Gonzalo y Jorge están descansando en su apartamento antes de vestirse para ir a una fiesta de cumpleaños. Son las cuatro de la tarde y Gonzalo está mirando por la ventana cuando de repente ve a la ex-novia de Jorge paseando por la calle. Escucha la conversación entre Gonzalo y Jorge y después completa las oraciones según la información que escuchaste.

1. Mientras Jorge está en el sofá, Gonzalo...
2. Jorge dice que Gonzalo siempre...
3. Desde la ventana, Gonzalo...
4. Susana...
5. Jorge piensa que Gonzalo...
6. Mientras habla con Jorge, Gonzalo...
7. El chico argentino del tercer piso...
8. Cuando Jorge y Susana eran novios, el chico argentino...

2 **¿Qué está pasando?** Vuelve a oír el diálogo entre Gonzalo y Jorge en la **Actividad 1** y escribe un resumen de lo que pasa. Utiliza el verbo **estar** con el gerundio.

_____

_____

_____

_____

_____

3 **El final** Ahora, imagina un final para la historia de Gonzalo y Jorge y dibuja una breve representación de la conversación en estos recuadros (*boxes*). Después, lleva tu historia a clase y explícale a todos qué está ocurriendo en cada escena. ¡Sé creativo!

2.2 Object pronouns

1 **Antes del concierto** Faltan dos horas para el concierto de U2 y Gonzalo está mirando los regalos de cumpleaños que le van a dar a Alicia. Escucha las preguntas de Gonzalo y responde según las pistas (*clues*) que se indican.

> **modelo**
>
> Tú escuchas: ¿Quién le va a regalar este disco?
> Tú lees: Julia
> Tú escribes: *Se lo va a regalar Julia.*

1. Juan y Luis _____
2. Pilar _____
3. Jorge _____
4. Su hermana _____
5. Su prima _____
6. El vecino del primer piso _____

2 **Y ahora... Alicia** Escucha otra vez las preguntas de Gonzalo y respóndelas en primera persona, como si fueras Alicia.

> **modelo**
>
> Tú escuchas: ¿Quién le va a regalar este disco?
> Tú lees: Julia
> Tú escribes: *Me lo va a regalar Julia.*

1. Juan y Luis _____
2. Pilar _____
3. Jorge _____
4. Mi hermana _____
5. Mi prima _____
6. Mi vecino del primer piso _____

3 **La curiosidad de Jorge** Jorge, que es muy curioso, está mirando las cosas que hay en el escritorio de su amiga Pilar. Escucha las preguntas de Jorge y explícale para qué usa Pilar cada cosa. ¡Intenta ser creativo en tus respuestas!

> **modelo**
>
> Tú escuchas: ¿Qué hace Pilar con estos auriculares?
> Tú contestas: *Se los pone para escuchar música cuando trabaja.* o
>   *Los usa para sujetar papeles en su escritorio.* o
>   *No los usa, los tiene ahí sólo para decorar el escritorio.*

1. _____
2. _____
3. _____
4. _____
5. _____
6. _____

Lab Manual

2.3 Reflexive verbs

1 **¡Qué diferentes!** Roberto y Jorge, dos amigos de Alicia, son muy diferentes entre sí. Oye lo que dice Alicia sobre ellos, mira las ilustraciones y luego indica si lo que dice es **cierto** o **falso**.

	Cierto	Falso
1.	❑	❑
2.	❑	❑
3.	❑	❑
4.	❑	❑
5.	❑	❑

Roberto

Jorge

2 **Mientras tanto...** Marta, la compañera de Alicia, está preparando una composición sobre la rutina diaria de su familia para una de sus clases. Escucha a Marta mientras lee su composición y conecta la(s) persona(s) de la columna A con la actividad correspondiente en la columna B.

A	B
_____ 1. Andrés	a. levantarse temprano para arreglarse
_____ 2. Rosa	b. vestirse muy elegantemente
_____ 3. Papá	c. olvidarse de quién es su familia
_____ 4. Mamá	d. quitarse el pijama y vestirse solo
_____ 5. Alberto	e. ducharse y vestirse en 15 minutos
_____ 6. El abuelo	f. quejarse porque sólo hay un baño

3 **Más información** Ahora, usando la información de la **Actividad 2,** escribe una frase sobre un aspecto de la rutina diaria de cada uno de los miembros de la familia de Marta. Si quieres, puedes añadir información adicional para cada personaje.

1. _____

2. _____

3. _____

4. _____

5. _____

6. _____

2.4 Gustar and similar verbs

1 **¡Qué aburrido!** Escucha esta breve conversación entre Roberto y Rosa y contesta las preguntas.

1. ¿Qué le aburre a Roberto?

   _____

2. Según Rosa, ¿de qué se tiene que preocupar Roberto?

   _____

3. ¿Cómo le cae Alicia a Roberto?

   _____

4. ¿Le gustan los conciertos a Roberto?

   _____

5. ¿Por qué no le gustan los conciertos a Roberto?

   _____

2 **Adivina, adivinanza** Mientras esperan la hora de ir al concierto de U2, todos están jugando a las adivinanzas ¿Te gustaría participar? Escucha la información sobre cada personaje para adivinar a qué persona se está describiendo. Después, escribe el número de la descripción junto al personaje correspondiente.

_____ Shaquille O'Neal

_____ Christina Aguilera

_____ Hillary Clinton

_____ Penélope Cruz

_____ Tiger Woods

_____ Mick Jagger

3 **Te toca a ti** Ya es hora de hablar un poco sobre ti, ¿no crees? Escucha las preguntas y contesta cada una según tu opinión o tus preferencias personales. Escribe tus respuestas y, después, escucha otra vez las preguntas y contéstalas oralmente para practicar un poco tu pronunciación.

1. _____

2. _____

3. _____

4. _____

5. _____

6. _____

7. _____

8. _____

Lab Manual

CONTEXTOS

Lección 3

La vida diaria

1   Identificación El esposo de Amparo perdió su trabajo y ahora va a ocuparse de la casa mientras Amparo va a trabajar en una oficina. Escucha las instrucciones de Amparo y ayuda a su esposo a poner estas notas en orden. Escribe el número correspondiente junto a cada tarea según la información que escuches.

_____ Barrer las escaleras

_____ Apagar la cafetera después de desayunar

_____ Recoger unos dulces en la tienda de la esquina

_____ Pasar la aspiradora en los cuartos de los niños

_____ Quitarle el polvo a los muebles del salón

_____ Sacar la carne congelada del refrigerador

_____ Ir de compras al supermercado antes de las tres

_____ Elegir productos baratos en el supermercado

_____ Cambiar el foco de la lámpara de la cocina

2   ¡Que no se me olvide! Escucha otra vez las instrucciones que Amparo le da a su marido en la **Actividad 1** y después imagina lo que él va pensando. Sigue el modelo.

> *modelo*
> Tú escuchas: Tienes que ir al supermercado.
> Tú escribes: *Tengo que ir al supermercado.*

1. _____
2. _____
3. _____
4. _____
5. _____
6. _____
7. _____
8. _____

3   Ocho horas después... Son las cinco de la tarde y Amparo ya ha regresado del trabajo. Escucha la conversación que tiene con Mateo, su esposo, y después, elige la opción más adecuada para completar las oraciones.

1. Cuando Amparo regresa del trabajo, Mateo...
   a. está hablando con la vecina.   b. está mirando la telenovela.   c. está limpiando las ventanas.
2. Amparo piensa que la vecina...
   a. debe trabajar más.   b. siempre va arreglada.   c. está enamorada de Mateo.
3. A Mateo...
   a. le cae bien su vecina.   b. le cae mal su vecina.   c. le molesta su vecina.
4. ¿Qué piensa Mateo sobre los pastelitos de chocolate?
   a. Le encantan.   b. Los odia.   c. Piensa que necesitan azúcar.
5. Amparo necesita el foco viejo de la lámpara...
   a. para pasar la aspiradora.   b. para un proyecto.   c. para hacer la cena.

Lab Manual

ESTRUCTURA

3.1 The preterite tense

1   **Para eso están los amigos**   Mateo llamó a dos amigos para que lo ayudaran a limpiar la casa mientras Amparo, su esposa, trabajaba. Amparo acaba de regresar y está un poco confundida al ver todo tan limpio. Escucha mientras Mateo le explica quién hizo cada cosa y marca las casillas correspondientes según lo que escuches.

	Poner la comida en el refrigerador	Separar los ingredientes para la comida	Ir al supermercado	Hervir las papas y los huevos	Traer productos de limpieza
Mateo					
Paco					
José Luis					

2   **Preguntas**   Vuelve a oír lo que Mateo le cuenta a Amparo en la **Actividad 1** y después contesta las preguntas.

1. ¿Cuándo llamó Mateo a sus amigos?

   _____

2. ¿Dónde conoció Amparo a los amigos de Mateo?

   _____

3. ¿Por qué llegaron tarde a la fiesta?

   _____

4. ¿Qué quiere explicarle Mateo a Amparo?

   _____

5. ¿Qué hizo Paco cuando llegó?

   _____

3   **¿Y tú?**   ¿Recuerdas qué hiciste la última vez que tuviste todo el apartamento para ti solo/a (*alone*)? Contesta las preguntas que escuches explicando con detalle qué hiciste en cada situación. Primero, escribe tus respuestas en el espacio indicado. Después, escucha las preguntas otra vez y responde oralmente para practicar tu pronunciación.

1. _____
2. _____
3. _____
4. _____
5. _____
6. _____
7. _____
8. _____

Lab Manual

3.2 The imperfect tense

1 **Cuando era soltero...** Mateo está pensando en cómo era su vida antes de conocer a Amparo. Escucha lo que dice y después contesta las preguntas.

1. ¿Qué hacía Mateo todas las noches?

_____

2. ¿Limpiaba el apartamento a menudo?

_____

3. ¿Cómo pagaba sus compras?

_____

4. ¿Tenía dinero?

_____

5. ¿Por qué lo pasaba fatal?

_____

2 **El gran cambio de Amparo** Amparo, la esposa de Mateo, por fin se dio cuenta de que era un poco antipática con los demás, y decidió cambiar su actitud frente a la vida. Escucha lo que dice sobre las diferencias entre la Amparo de antes y la Amparo de ahora. Después, escribe la acción correspondiente bajo una de las dos columnas.

> **modelo**
> Tú escuchas: Antes gritaba mucho pero ahora hablo con mucha calma.
> Tú escribes: Antes   Ahora
>   Gritaba mucho.   Habla con mucha calma.

ANTES	AHORA
_____	_____
_____	_____
_____	_____
_____	_____
_____	_____

3 **¿Cómo eras tú antes?** A medida que nos hacemos mayores, nuestra personalidad va cambiando poco a poco, casi sin que nos demos cuenta. Piensa en cómo eras tú cuando estabas en la escuela primaria. ¿Tenías la misma personalidad que ahora? Contesta estas preguntas en el espacio indicado.

1. _____
2. _____
3. _____
4. _____
5. _____
6. _____

Lab Manual

3.3 The preterite and the imperfect

1 **¡Qué susto!** Esta mañana, al levantarse, Mateo descubrió que había un cristal roto en una ventana y que faltaban varias cosas en la casa. La policía está investigando lo que ocurrió. Escucha la conversación y, después, determina si las oraciones de abajo son **ciertas** o **falsas.**

		Cierto	Falso
1.	Mateo estaba en la cama cuando su esposa escuchó unas voces en el salón.	❏	❏
2.	Cuando escuchó las voces eran las tres o las cuatro de la mañana.	❏	❏
3.	Mateo le dijo a su esposa que no oía nada.	❏	❏
4.	Lo primero que notó Mateo es que el dinero ya no estaba.	❏	❏
5.	Mateo no se dio cuenta de que faltaba el televisor.	❏	❏
6.	Esa mañana, Mateo puso el estéreo mientras buscaba la televisión.	❏	❏
7.	El policía le dijo a Mateo que necesitaban buscar pistas.	❏	❏
8.	Mateo sabe exactamente quién le ha robado.	❏	❏

2 **Buscando pistas** Imagina que eres un(a) detective. Vuelve a oír la conversación de la **Actividad 1** entre el policía y Mateo e inventa cinco preguntas para Mateo sobre lo que ocurrió esa noche.

1. _____
2. _____
3. _____
4. _____
5. _____

3 **Las notas del detective** Escucha la conversación de Amparo, la mujer de Mateo, con el detective y, después, haz una descripción del lugar y de las personas en el momento en que se cometió el crimen. Por ejemplo, anota qué se veía en la calle, quién estaba allí, qué ruidos se escuchaban, etc. antes de que ocurriera el robo.

Descripción del lugar y de las personas

_____
_____
_____
_____
_____

4 **Las notas del detective 2** Ahora, vuelve a oír la conversación entre Amparo y el detective de la **Actividad 3** y luego haz una lista con todas las acciones de esa noche, en el orden en que ocurrieron.

Acciones

_____
_____
_____
_____
_____

3.4 Adverbs

1 **Resolviendo el crimen** Para completar la investigación sobre el robo, la policía está haciéndole preguntas a una vecina de los Rosas. Escucha la conversación y después elige la respuesta adecuada para cada una de estas preguntas, según la información que escuches.

1. El policía está tocando el timbre...
   a. insistentemente   b. rápidamente   c. silenciosamente

2. La vecina le dice al policía que le haga las preguntas...
   a. lentamente   b. rápidamente   c. persistentemente

3. ¿Con qué frecuencia habla la vecina con los Sres. Rosas?
   a. dos veces por semana   b. diariamente   c. mensualmente

4. La vecina salió de la casa...
   a. lentamente   b. cuidadosamente   c. rápidamente

5. La vecina siempre arregla las decoraciones...
   a. rápidamente   b. cuidadosamente   c. lentamente

6. El policía quiere que la vecina lo acompañe a la estación de policía...
   a. mañana   b. dentro de una hora   c. inmediatamente

2 **¿Qué pasó?** Vuelve a oír la conversación de la **Actividad 1** entre la vecina y el policía y después inventa una breve historia sobre lo que tú crees que pasó la noche del crimen. Usa el pasado y adverbios en tu narración.

_____

_____

_____

_____

_____

_____

3 **Cada uno, a su manera** Piensa en tus amigos y en otras personas que conoces. ¿Hacen todos las mismas actividades de la misma manera? Probablemente no. Ten en cuenta esa información y úsala para responder a las preguntas que escuches. Después, escucha otra vez las preguntas y responde oralmente para practicar tu pronunciación.

1. _____

2. _____

3. _____

4. _____

5. _____

6. _____

Lab Manual

PRONUNCIACIÓN

The sounds of r and rr

As you might recall, Spanish has two **r** sounds, neither of which resembles the English **r**.

The sound of the single *r*

When it occurs between vowels or at the end of a syllable, the sound of a single **r** in Spanish is produced with a single tap of the tip of the tongue on the ridge behind the upper front teeth. This sound is equivalent to the sound spelled *t, tt, d,* and *dd* in standard American English in words like *eating, butter, leading,* and *caddy.* Focus on the position of your tongue and teeth as you listen to the speaker and repeat each word.

coro	cero	pero	loro	moro
María	mero	mira	mural	saber

The sound of the double *rr*

In words spelled with a double **rr**, as well as in those spelled with a single **r** occurring at the beginning of the word, the sound is pronounced as a trilled **rr**. The trill sound is produced by rapidly moving the tip of the tongue against the ridge behind the upper front teeth. This trill is also the case when the **r** sound appears after the letters **l** or **n**. Listen to the speaker and repeat each word, paying attention to the position of your tongue and teeth.

curro	carrito	correo	párrafo	marrón
alrededor	burro	morro	churro	enroscar

Many words in Spanish differ from each other only through the **r** and **rr** sounds. It is important that you practice the right sound for each one to avoid being misunderstood. Listen to the speaker and repeat each one of these pairs.

coro/corro	moro/morro	poro/porro	pero/perro	perito/perrito

Lab Manual

CONTEXTOS

Lección 4

Los viajes

1 **Identificación** Escucha el siguiente anuncio de la radio y después completa estas frases usando la información que escuchaste en el anuncio.

1. La agencia *Escape* prepara mini-vacaciones para _____.

2. Esta semana la agencia tiene _____ paquetes de oferta.

3. Playa Dorada es una isla privada en _____.

4. La excursión de montaña es en el estado de _____.

5. El precio de la excursión de montaña es de sólo _____.

6. El guía turístico del viaje al museo habla _____ idiomas.

7. Las fechas de la excursión al museo son el _____ y el _____ de este mes.

8. El hotel del museo incluye _____ las 24 horas del día.

2 **Los detalles** Ahora vuelve a escuchar el anuncio de la **Actividad 1** y escribe por lo menos tres detalles específicos sobre cada una de las excursiones.

Playa Dorada

_____

_____

_____

Excursión de montaña

_____

_____

_____

Museo de Arte Moderno

_____

_____

_____

3 **A mí me interesa** Para terminar, escribe un párrafo breve explicando cuál de las tres opciones te interesa más e incluye las razones de tu interés.

_____

_____

_____

_____

ESTRUCTURA

4.1 Past participles and the present and past perfect tenses

1 **Desde aquel momento...** María, una estudiante de turismo, está hablando con una amiga sobre los cambios que María ha hecho en su vida desde su última visita a Costa Rica. Escucha su conversación y después, elige la respuesta adecuada para completar estas oraciones.

1. Desde que regresó de Costa Rica, María ha hecho muchos cambios
   a. profesionales.   b. personales.
2. Durante los últimos días, María ha estado pensando en
   a. su cuenta bancaria.   b. su amiga.
3. María dice que durante su viaje había tenido mucho tiempo para
   a. pensar y observar.   b. trabajar y conversar.
4. María se ha pasado los últimos cinco años
   a. trabajando.   b. en Costa Rica.
5. En Costa Rica, María ha tenido la oportunidad de
   a. nadar y hacer ecoturismo.   b. conocer a muchas personas.
6. María ha calculado que para vivir una vida normal
   a. necesita un millón de dólares.   b. no necesita mucho dinero.
7. María ha llegado a la conclusión de que
   a. su felicidad importa más que el dinero.   b. el dinero importa más que la felicidad.
8. La amiga de María no ha visto nunca a nadie tan
   a. loco.   b. determinado.

2 **¿Qué piensas?** Escucha otra vez la conversación de la **Actividad 1** entre María y su amiga y después contesta las preguntas.

1. ¿Por qué crees que María ha cambiado su forma de ver la vida durante su viaje?
   _____
   _____
2. María dice que se ha dado cuenta de que el dinero no es importante. ¿Crees que tiene razón?
   _____
   _____
3. ¿Has vivido alguna vez una experiencia similar a la que vivió María en Costa Rica?
   _____

3 **¿Qué habías hecho?** Todos tenemos momentos en la vida que son más importantes que otros. Escucha las preguntas y responde si ya habías hecho esas cosas en el año indicado.

> **modelo**
> Tú lees: En 1970
> Tú escuchas: ¿Ya habías nacido?
> Tú escribes: *Sí, yo ya había nacido en 1970.*

1. En 1972, _____
2. En 1986, _____
3. En 1989, _____
4. En 1992, _____
5. En 1994, _____
6. En 2002, _____

4.2 Por and para

1 **¿Qué hacemos?** María y su amigo Steve están de vacaciones en México. Escucha su conversación y complétala con **por** o **para**.

1. a. por b. para
2. a. por b. para
3. a. por b. para
4. a. por b. para
5. a. por b. para
6. a. por b. para
7. a. por b. para
8. a. por b. para
9. a. por b. para

2 **Sus planes** Ahora, vuelve a oír la conversación de la **Actividad 1** y escribe un resumen de los planes de María y Steve.

_____

_____

_____

_____

_____

_____

3 **Ahora le toca a Steve** Después de varias horas de viaje, Steve ya no sabe qué hacer. Está aburridísimo, así que ha decidido jugar a completar oraciones con María... ¡No hay muchas actividades que hacer en un tren! Escucha cómo Steve empieza una frase y determina cuál de estas opciones es la mejor para completar la frase lógicamente. Anota el número correspondiente junto a cada frase.

_____ a)...para ti.

_____ b)...por muchos pueblos de la frontera.

_____ c)...para ir hasta el hotel.

_____ d)...para no llegar tarde a nuestra cita.

_____ e)...por teléfono.

_____ f)...para México.

4.3 Comparatives and superlatives

1 **Cuántos recuerdos** Steve y María por fin llegaron a su destino. Después de cenar, los dos amigos están dando un paseo por Chilapas, el pueblecito donde se hospedan. Escucha la conversación y, después, indica si cada una de estas afirmaciones es **cierta** o **falsa**.

		Cierto	Falso
1.	A María el pueblo mexicano le recuerda su viaje a España.	❏	❏
2.	Según María, Albarracín es un pueblo más grande que Chilapas.	❏	❏
3.	En Chilapas hay menos flores que en Albarracín.	❏	❏
4.	Las calles de Albarracín son más estrechas que las de Chilapas.	❏	❏
5.	La gente de Albarracín es tan simpática como la de Chilapas.	❏	❏
6.	Steve no piensa que María tiene más oportunidades que él para viajar.	❏	❏

2 **Mi viaje** Ahora, escucha las preguntas que siguen para hablar un poco sobre tu último viaje a algún lugar turístico. Primero, escribe las respuestas en el lugar indicado y después, responde oralmente a cada pregunta para practicar tu pronunciación.

1. _____
2. _____
3. _____
4. _____
5. _____
6. _____

3 **Comparar** Compara las dos casas de la ilustración y después contesta las preguntas.

Familia López

Familia Brito

1. _____
2. _____
3. _____
4. _____
5. _____

Lab Manual

4.4 Present subjunctive

1   **Mi primer viaje internacional**   Sue, la hermana menor de Steve, va a ir de vacaciones a Argentina este verano. Es su primer viaje internacional y Steve le está dando consejos para el viaje. Escucha dos veces lo que le dice Steve a su hermana y, después, completa las frases.

    1. Es imposible que toda la gente _____.

    2. No quiero que te _____.

    3. También es necesario que _____.

    4. Hay una cosa que no quiero _____.

    5. Ojalá _____.

2   **Consejos**   Vuelve a escuchar los consejos de Steve de la **Actividad 1** y, después, contesta las preguntas.

    1. ¿Cree Steve que es posible que todos los argentinos hablen inglés?

      _____

    2. ¿En qué situaciones le dice Steve a Sue que tenga cuidado?

      _____

    3. ¿Por qué es necesario que Sue llame a su madre una vez por semana?

      _____

    4. ¿Qué sugiere Steve que haga Sue con el dinero?

      _____

    5. Según Steve, ¿qué es lo más importante del viaje?

      _____

    6. ¿De qué habla Steve cuando dice que es una lástima?

      _____

3   **Es tu turno**   Diego, un chico hondureño, va a pasar tres meses como estudiante de intercambio en tu casa. El problema es que Diego no sabe nada sobre tu ciudad y necesita que contestes sus preguntas para prepararse para el viaje. Escucha sus preguntas y contéstalas con la información apropiada. Incluye todos los detalles que puedas para que Diego tenga una idea más clara de cómo es la vida en tu ciudad.

    1. _____

    2. _____

    3. _____

    4. _____

    5. _____

    6. _____

    7. _____

    8. _____

Lab Manual

CONTEXTOS

Lección 5

La salud y el bienestar

1 **Identificación** Escucha las siguientes definiciones de palabras o expresiones relacionadas con la salud. Después, escribe el número de la descripción correspondiente a cada una de las palabras de la lista.

_____ a. depresión

_____ b. tener fiebre

_____ c. vacuna

_____ d. sano/a

_____ e. cirujano/a

_____ f. obesidad

_____ g. relajarse

_____ h. consultorio

_____ i. jarabe

_____ j. desmayarse

2 **En el consultorio del médico** Escucha la conversación entre el doctor Pérez y Rosaura, una profesora universitaria. Después, indica todos los síntomas que menciona Rosaura en la conversación.

_____ cansancio general

_____ tos continua

_____ falta de apetito

_____ ansiedad

_____ exceso de apetito

_____ fiebre alta

_____ dolor de espalda

_____ sueño

_____ depresión

_____ vómitos

3 **¿Cómo estás?** Ahora, el doctor Pérez quiere hacerte unas preguntas sobre tu forma física y tu salud general. Escucha sus preguntas y responde en el espacio indicado. Después, vuelve a escuchar las preguntas y responde oralmente para practicar tu pronunciación.

1. _____

2. _____

3. _____

4. _____

5. _____

6. _____

7. _____

8. _____

Lab Manual

ESTRUCTURA

5.1 The subjunctive in noun clauses

1 **¡Demasiados enfermos!** Claudia, una estudiante de medicina, está pasando el fin de semana en casa de sus padres. Toda la familia está enferma menos Claudia, por eso ella tiene que ocuparse de sus padres, sus abuelos y sus hermanitos. Escucha las instrucciones que ella le da a cada persona enferma y, después, conecta las instrucciones de la columna B con la persona correspondiente en la columna A.

A	B
_____ Papá	_____ a. dejar de fumar inmediatamente
_____ Abuelo	_____ b. no tomar más café
_____ Abuela	_____ c. tomarse la temperatura cada dos horas
_____ Mamá	_____ d. comerse toda la sopa caliente
_____ Jorge	_____ e. meterse en la cama
_____ Luis	_____ f. tomarse dos aspirinas con agua
_____ Carmen	_____ g. llamar al médico si se siente peor

2 **Yo te recomiendo...** Imagina que la familia de Claudia es tu familia. Escucha otra vez lo que dice Claudia en la **Actividad 1** y escribe tus propios (*own*) consejos para tus familiares.

1. _____
2. _____
3. _____
4. _____
5. _____
6. _____

3 **Otros consejos útiles** Estás escuchando un programa de salud. La doctora está dando consejos para mantenerse en forma, pero hay muchos ruidos y tú sólo puedes oír el principio de cada frase. Presta atención a lo que oyes y completa las oraciones lógicamente. Después, escribe la oración completa en el espacio indicado.

1. _____
2. _____
3. _____
4. _____
5. _____
6. _____
7. _____
8. _____

Lab Manual

5.2 The subjunctive in adjective clauses

1 **La mamá de Claudia** La mamá de Claudia quiere cambiar de médico y le deja un mensaje a Marta, su compañera de trabajo, para pedirle que le recomiende uno. Escucha el mensaje y luego complétalo con las partes que faltan.

> Hola Marta,
>
> No sé si vas a poder ayudarme, o si conoces _____,
> pero quiero cambiar de médico y pensé que quizás tú conocías a alguno.
> Busco _____ en la garganta, y necesito que tenga
> mucha paciencia. También quiero ir a un _____,
> pues cerca de casa no hay _____. Mi suegro me
> recomendó un médico muy simpático, pero su consultorio
> _____, y yo necesito uno
> _____ de la noche. ¿Conoces algún médico?
>
> Muchas gracias.

2 **¡Necesito ayuda!** Claudia necesita un descanso. Por eso ha publicado un anuncio para encontrar una persona que la ayude a cuidar de su familia. Escucha el anuncio y, después, indica si cada una de estas oraciones es **cierta** o **falsa**.

		Cierto	Falso
1.	Claudia está buscando ayuda urgentemente.	❏	❏
2.	Busca una persona que pueda ocuparse de toda la familia.	❏	❏
3.	Quiere contratar una persona que sea impaciente.	❏	❏
4.	A Claudia no le importa que la persona tenga vicios.	❏	❏
5.	Claudia quiere encontrar a alguien que conduzca.	❏	❏
6.	Busca una persona que viva en las afueras de la ciudad.	❏	❏
7.	Necesita contratar a alguien que sepa cocinar.	❏	❏
8.	Claudia no quiere una persona que busque trabajo permanente.	❏	❏

3 **¿Y tu familia?** Imagina que necesitas contratar una persona para cuidar a tu familia. ¿Qué cualidades debería tener esa persona? Escucha las preguntas y respóndelas según las preferencias de tu familia. Después, vuelve a escuchar las preguntas y responde oralmente para practicar tu pronunciación.

1. _____
2. _____
3. _____
4. _____
5. _____
6. _____
7. _____
8. _____

5.3 The subjunctive in adverbial clauses

1 **Instrucciones útiles** Uno de los profesores de la facultad de medicina está dando una charla para los estudiantes de primer año. Escucha lo que les dice y, después, usa esa información para escribir por lo menos seis sugerencias que el profesor ofrece para que los estudiantes tengan éxito en su carrera.

1. _____
2. _____
3. _____
4. _____
5. _____
6. _____

2 **Sigamos** Después del descanso, el profesor de la **Actividad 1** vuelve a reunir a los estudiantes de primer año para darles un poco de información adicional. El problema es que ya es tarde, el profesor está cansado... y cada vez que empieza una frase se duerme antes de terminarla. Ayuda al profesor y elige la opción más lógica para terminar cada oración.

1. ...biblioteca... _____

2. ...sin... _____

3. ...como... _____

4. ...difícil... _____

5. ...deprimidos... _____

6. ...mientras... _____

a.... no se olviden de que al final serán felices.

b.... pueden comprarlos en la librería.

c... consultar a su profesor.

d.... no se den por vencidos (*give up*).

e.... estudiantes, nada les impedirá triunfar.

f.... sus profesores estén explicando algo.

3 **¿Medicina?** Imagina que eres estudiante de medicina. Usa las pistas (*cues*) que se incluyen para contestar las preguntas que escuches. Después, escucha las preguntas otra vez y contesta oralmente para practicar tu pronunciación.

> **modelo**
>
> Tú escuchas: ¿Vas a pagar tus deudas al terminar los estudios?
> Tú lees: en cuanto
> Tú escribes: *Sí, voy a pagar mis deudas en cuanto termine los estudios.*

1. a menos que _____

2. tan pronto como _____

3. después de que _____

4. sin que _____

5. con tal de que _____

6. a pesar de que _____

5.4 Commands

1 **¡Qué falta de seriedad!** A algunos estudiantes de medicina les gusta bromear con los pacientes del hospital. Escucha a César, un estudiante de nutrición, mientras le dice a una paciente lo que debe y no debe hacer para bajar de peso. Después, elige la opción correcta para cada mandato, según sea **lógico** o **ilógico**.

1. lógico	ilógico		6. lógico	ilógico
2. lógico	ilógico		7. lógico	ilógico
3. lógico	ilógico		8. lógico	ilógico
4. lógico	ilógico		9. lógico	ilógico
5. lógico	ilógico		10. lógico	ilógico

2 **El que ríe de último, ríe mejor.** Mientras César se divertía con la paciente en la **Actividad 1**, el doctor Arenas, su supervisor, vio lo que estaba pasando. Ahora, el doctor Arenas le está dando órdenes a César, para que aprenda a tratar a los pacientes con más respeto. Escucha los mandatos del doctor Arenas y, después, contesta las preguntas.

1. ¿Qué ha decidido el doctor Arenas?

   _____

2. ¿Qué tiene que hacer César en el restaurante chino?

   _____

3. ¿Quién debe pagar la comida de todos los compañeros de César?

   _____

4. ¿Qué pide el doctor Arenas que haga César con los paquetes?

   _____

5. ¿Cuánto tiempo sugiere el doctor Arenas que César descanse?

   _____

6. ¿Cuál es el último mandato que le da el doctor Arenas a César?

   _____

3 **Una última lección** César, después de pasarlo tan mal con el doctor Arenas, tiene tanto miedo que ni siquiera quiere pedir ayuda. Escucha la lista de mandatos que César necesita darles a sus ayudantes, y modifica cada orden para que suene un poco más suave.

> **modelo**
>
> Tú escuchas: Pongan las vendas en el armario del segundo piso.
> Tú escribes: *Quiero que pongan las vendas en el armario del segundo piso.* o
> *Necesito que pongan las vendas en el armario del segundo piso.*

1. _____

2. _____

3. _____

4. _____

5. _____

6. _____

7. _____

8. _____

Lab Manual

CONTEXTOS

Lección 6

La naturaleza

1 **Identificación** Escucha el siguiente segmento de un programa de noticias. Después, indica las palabras de la lista que se mencionan.

_____ cabo   _____ olas

_____ costas   _____ relámpagos

_____ helar   _____ río

_____ huracán   _____ tormentas

_____ inundaciones   _____ truenos

2 **El medio ambiente** La universidad ha organizado un programa para los estudiantes interesados en conservar y proteger el medio ambiente. Escucha las tres opciones que se ofrecen para participar y, después, indica por lo menos dos datos específicos que escuchaste sobre cada programa.

Energía limpia

_____

_____

Mar azul

_____

_____

No a la crueldad

_____

_____

3 **¿Qué?** Vuelve a escuchar la información sobre los programas de voluntariado de la **Actividad 2** y después responde a las preguntas.

1. ¿Cuál es el objetivo del programa *Energía limpia*?

   _____

2. ¿A qué tipo de persona está dedicado el programa *Mar azul*?

   _____

3. ¿Para qué visitarán los voluntarios de *Mar azul* a los empresarios locales?

   _____

4. ¿Qué deben llevar consigo los voluntarios para registrarse en la reunión de *Mar azul*?

   _____

5. ¿Quiénes dirigen el programa de *No a la crueldad*?

   _____

6. ¿Quiénes tienen el deber de cuidar la Tierra, según el locutor?

   _____

Lab Manual

6.1 The future tense

1 **Un futuro aterrador** Rappel es uno de los futurólogos europeos más famosos. Escucha sus predicciones para el futuro del planeta Tierra y, después, escribe por lo menos dos cosas que Rappel predijo *(foresaw)* para cada uno de los temas.

Los bosques
_____
_____
_____

Los océanos
_____
_____
_____

Los seres humanos
_____
_____
_____

2 **¿Qué harás?** Rappel quiere saber si tú estás dispuesto a colaborar para evitar estas catástrofes de las que te ha hablado. Escucha sus preguntas y contesta en el espacio indicado. Después, vuelve a escuchar las preguntas y responde oralmente para practicar tu pronunciación.

1. _____
2. _____
3. _____
4. _____
5. _____
6. _____

3 **El futuro** Ahora, escribe un breve párrafo con tus propias predicciones para tu futuro. ¿Será tan malo y tan negro como el futuro que predijo Rappel? ¿Qué grandes cambios ocurrirán en tu vida?

_____
_____
_____
_____
_____
_____
_____
_____
_____
_____
_____
_____

6.2 The conditional

1 **Después de la excursión** Susana y sus amigos acaban de regresar de una excursión en la montaña. Escucha mientras Susana te explica qué hizo cada persona y elige la opción que sea más lógica para justificar esa acción.

> **modelo**
>
> Tú escuchas: Emilio se puso unos guantes.
> Tú lees: Tendría frío.   Tendría calor.
> Tú eliges: *Tendría frío.*

1. a) Tendría sed.   b) Estaría soñando.
2. a) Necesitaría hablar con ella.   b) Querría descansar.
3. a) Estarían cansados.   b) Tendrían hambre.
4. a) Estaría aburrido.   b) Echaría de menos a su novia.
5. a) Tendrían frío.   b) Querrían bañarse.
6. a) Tocaría muy bien.   b) No sabría tocar ningún instrumento.
7. a) Querría hablar.   b) Desearía dormir.
8. a) Tendría ganas de bailar.   b) Necesitaría relajarse.

2 **De excursión** Ahora, imagina que te vas de excursión con tus amigos. ¿Qué haría cada uno de ustedes? Escribe un pequeño párrafo describiendo lo que harían, usando el condicional.

_____

_____

_____

_____

_____

_____

3 **Un nuevo candidato para el club** Tú quieres participar en el club de excursiones de tu universidad, pero los requisitos para la admisión son bastante duros. Hoy tienes una entrevista con uno de los oficiales, quien quiere saber cómo reaccionarías en distintas situaciones. Escucha sus preguntas y escribe las repuestas en el espacio indicado, según tus preferencias. Después, responde oralmente para practicar tu pronunciación.

> **modelo**
>
> Tú escuchas: Imagina que estás de excursión y ves un oso *(bear)*. ¿Qué harías?
> Tú escribes: *Me tiraría al suelo y no haría nada.*

1. _____

2. _____

3. _____

4. _____

5. _____

6. _____

7. _____

8. _____

Lab Manual

6.3 The past subjunctive

1 **Los sueños de un ecoturista** Después de pasar un mes en Costa Rica haciendo ecoturismo, Pablo está obsesionado con la protección de la naturaleza. El problema es que le faltan recursos para hacer todas las cosas que desearía hacer. Escucha lo que Pablo dice y elige la opción que te parezca más lógica para completar cada una de sus oraciones.

1. a) ... compraría los bosques tropicales para protegerlos contra la explotación.
   b) ... compraría una casa en cada país que visitara.

2. a) ... me sentiría feliz al poder ayudar a otras personas.
   b) ... no tendría que pagarle tantos impuestos al gobierno.

3. a) ... me encontraría como en casa, rodeado de toda esa vegetación.
   b) ... tendría que conectarme a Internet para leer las noticias.

4. a) ... podría tener una novia en cada país, porque ellas no se conocerían.
   b) ... podría difundir mi mensaje de cooperación por todo el mundo.

5. a) ... dispondría de más dinero para gastar los fines de semana.
   b) ... me iría a trabajar para alguna organización costarricense.

6. a) ... habría muchos problemas porque habría demasiada gente.
   b) ... evitaríamos la destrucción de los mares y los bosques.

7. a) ... podríamos salvar gran parte de las selvas naturales.
   b) ... no podríamos participar en las decisiones sobre el medio ambiente.

8. a) ... malgastaríamos todos los recursos.
   b) ... le haríamos un bien a la naturaleza.

2 **Un pequeño problema** Raúl y Jerry, dos estudiantes de ciencias del mar, fueron los responsables de organizar las actividades del Club de Ciencias para el fin de semana pasado. Raúl tenía que estudiar y Jerry se ofreció de voluntario para ocuparse de todo. El problema es que Jerry no siguió bien las instrucciones de Raúl y hubo algunos problemas. Escucha la conversación y después responde a las preguntas.

1. ¿Cuándo esperaba Raúl que entregaran las plantas marinas?

   _____

2. ¿A qué hora le pidió Raúl a Jerry que llegara al club?

   _____

3. ¿Qué cosas le sugirió Raúl a Jerry que comprara para los miembros del grupo?

   _____

4. ¿Para cuándo le pidió Raúl a Jerry que preparara las fotocopias?

   _____

5. ¿Qué le pidió Jerry a Raúl en relación a su amiga Rosa?

   _____

6. ¿Para qué crees que Jerry le recordó a Raúl las veces que él no había sido un buen amigo?

   _____

6.4 Si clauses with simple tenses

1 **Haciendo las paces** Raúl quiere cambiar su comportamiento hacia el resto de sus amigos. Él está hablando solo. Escucha el principio de cada oración y termínala de una forma lógica para ayudarlo a mejorar las relaciones con sus amigos. Después, vuelve a escuchar las oraciones y complétalas oralmente para practicar tu pronunciación.

1. _____
2. _____
3. _____
4. _____
5. _____
6. _____
7. _____
8. _____

2 **Haciendo las paces, segunda parte** Ahora, Raúl repite sus oraciones, pero usando el imperfecto de subjuntivo. Escucha lo que él dice y termina cada oración de una forma lógica. Después, vuelve a escuchar las oraciones y complétalas oralmente para practicar tu pronunciación.

1. _____
2. _____
3. _____
4. _____
5. _____
6. _____
7. _____
8. _____

3 **¿Qué harías tú?** Escucha las preguntas del narrador y responde explicando qué harías tú en cada una de las situaciones.

1. _____
2. _____
3. _____
4. _____
5. _____
6. _____
7. _____
8. _____

Lab Manual

PRONUNCIACIÓN

The sounds of p, t, and k

As you might recall, no consonant in Spanish is accompanied by the puff of air that the sounds of **p**, **t**, and **k** make in English when they occur at the beginning of a word. Place your hand directly in front of your lips and say the English words *pit*, *top*, and *car*. You should notice a puff of air that is released along with the initial consonant. This puff of air should never occur in Spanish. Instead, in Spanish these sounds should resemble the **p**, **t**, and **k** following the initial **s** of English *spit*, *stop*, and *scar*. Notice that no puff of air is released in these cases. Place your hand directly in front of your lips again, and compare the difference: *pit*, *spit*; *top*, *stop*; *car*, *scar*.

Listen to the speaker pronounce the following Spanish words and repeat them, focusing on the **p** sound.

papa	**pera**	**polo**	**persona**	**práctica**
pelar	**puro**	**plática**	**plomo**	**perseguir**

Now listen to the speaker and repeat, focusing on the **t** sound.

terco	**tabaco**	**trabajo**	**trovador**	**turista**
tendencia	**taladro**	**tirante**	**tuba**	**tolerar**

Now listen to the speaker and repeat, focusing on the **k** sound. Remember that in Spanish a **c** before a consonant or the vowels **a**, **o**, and **u** sounds like **k**.

cosa	**casa**	**cura**	**kilo**	**cráter**
carga	**crear**	**croqueta**	**crudo**	**clase**

Trabalenguas

Ahora que ya tienes práctica con la pronunciación básica de estos sonidos, es el momento de practicar con materiales más avanzados, como un trabalenguas. Presta atención a la pronunciación del narrador y repite cada trabalenguas tantas veces como sea necesario, hasta leerlo completo sin detenerte.

1. **Poquito a poquito Paquito empaca poquitas copitas en pocos paquetes.**

2. **Qué colosal col colocó en aquel local el loco aquel.**

3. **Treinta tramos de troncos trozaron tres tristes trozadores de troncos y triplicaron su trabajo.**

CONTEXTOS

Lección 7

La economía y el trabajo

1   **Identificación** Escucha las siguientes definiciones y elige la palabra que corresponde a cada una.

1.	a. aumento	b. gerente
2.	a. marca	b. contrato
3.	a. despedir	b. firmar
4.	a. empleo	b. publicidad
5.	a. financiero	b. reunión
6.	a. éxito	b. presupuesto
7.	a. jubilación	b. ejecutivo
8.	a. sucursal	b. sindicato
9.	a. mano de obra	b. hoja de vida
10.	a. ahorrar	b. solicitar

2   **¿Quién lo dijo?** Escucha las oraciones y escribe el número al lado de la persona que crees que ha dicho cada una.

_____ arqueólogo/a

_____ cocinero/a

_____ contador(a)

_____ desempleado/a

_____ dueño/a

_____ funcionario/a

_____ inversor(a)

_____ periodista

3   **¿Cuánto sabes sobre el mundo laboral?** ¿Estás preparado/a para entrar a formar parte del mundo laboral? ¿Tienes una idea clara de cuáles son tus objetivos? Escucha las preguntas y respóndelas según tu propia experiencia. Después, lee tus respuestas con atención para determinar si hay algunos puntos que necesitas revisar o si ya estás listo/a para empezar tu vida profesional.

1. _____

2. _____

3. _____

4. _____

5. _____

6. _____

7. _____

8. _____

Lab Manual

ESTRUCTURA

7.1 The neuter article lo

1 **Antes de la entrevista** María tiene que prepararse para su primera entrevista de trabajo y está un poco nerviosa. Por eso, ha ido a visitar a su hermana mayor, Ana, que es una profesional con un cargo muy importante. Escucha los consejos que Ana le da a María y después indica si lo que dicen las oraciones es **cierto** o **falso**. Si es falso, escríbelo correctamente en el espacio indicado.

Según Ana....

		Cierto	Falso
1.	Lo importante son las credenciales académicas de María.	❏	❏
2.	Ana debe preocuparse por caerle bien al/a la entrevistador(a).	❏	❏
3.	Lo que Ana debe demostrar es que tiene ganas de trabajar.	❏	❏
4.	María debe esforzarse por ser ella misma en la entrevista.	❏	❏
5.	Uno de los objetivos de la entrevista es determinar si está calificada para el puesto.	❏	❏
6.	María no debe estudiar cómo es la empresa y cómo es la gente que trabaja allí.	❏	❏

2 **Yo creo que...** Ahora piensa en tu propia experiencia de trabajo y escucha las oraciones siguientes. Después, complétalas de forma lógica y creativa para ayudar a María a prepararse para su entrevista.

> **modelo**
> Tú escuchas: Lo más divertido...
> Tú escribes: **Lo más divertido es decidir qué ropa debes llevar a la entrevista.**

1. _____
2. _____
3. _____
4. _____
5. _____
6. _____
7. _____
8. _____
9. _____
10. _____

Lab Manual

7.2 Possessive adjectives and pronouns

1 **¡Somos un gran equipo!** Arturo, un amigo tuyo de la infancia, está a punto de empezar un nuevo trabajo en otra ciudad. Como se acaba de graduar, no puede comprar muchas cosas que necesita. Tu grupo de amigos ha decidido ayudarlo prestándole o dándole lo que necesite. Escucha las preguntas de Arturo y después usa las pistas *(cues)* para responder adecuadamente.

> **modelo**
> Tú escuchas: No tengo computadora portátil. ¿Alguien me presta la suya?
> Tú lees: Carmen / prestar
> Tú escribes: *Sí, Carmen te va a prestar la suya, no te preocupes.*

1. Tu hermana / prestar

_____

2. Roberto / regalar

_____

3. Juan y María / dar

_____

4. Tu padre / ofrecer

_____

5. Susana / regalar

_____

6. Yo / dar

_____

7. Tu mamá / ofrecer

_____

8. Nosotros / prestar

_____

2 **En el aeropuerto** Mientras espera la salida de su avión en el aeropuerto, Arturo está hablando con otro chico que insiste en que todo lo relacionado con él y con su compañía es lo mejor del mundo. Arturo no está dispuesto a tolerar esa arrogancia. Ayuda a Arturo a poner en su sitio a ese chico, según el modelo.

> **modelo**
> Tú escuchas: Mi compañía tiene cuatrocientos empleados en los Estados Unidos.
> Tú escribes: *Pues la mía tiene diez mil empleados en todo el mundo.*

1. _____
2. _____
3. _____
4. _____
5. _____
6. _____
7. _____
8. _____

7.3 Relative pronouns

1 **Un compañero poco eficiente** Durante su primer día de trabajo, Arturo descubre que su compañero es poco eficiente y siempre dice todo de una manera muy complicada. Escucha lo que dice el compañero de Arturo y ayuda a Arturo a simplificar las notas de su compañero, eligiendo la opción más lógica en cada caso.

1. a) Los clientes con un presupuesto altísimo aprobaron un proyecto.

   b) Los clientes aprobaron el proyecto, que tiene un presupuesto altísimo.

2. a) El representante que habló con la recepcionista es de Cuba.

   b) La recepcionista de Cuba habló con el representante.

3. a) La recepcionista ordenó pizza para la secretaria que tenía hambre.

   b) La recepcionista le dijo a la secretaria que tenía hambre, y ordenó pizza.

4. a) La entrevistadora llamó al candidato desde Miami.

   b) La entrevistadora llamó al candidato, el cual vive en Miami.

5. a) El empleado envió sus datos personales, los cuales incluían su estado civil.

   b) El empleado envió sus datos personales sin incluir el estado civil.

6. a) La jefa contrató a un nuevo ayudante, el cual está especializado en economía.

   b) La jefa contrató a un nuevo ayudante para especializarse en economía.

2 **Un rato de descanso** Durante el descanso laboral, Arturo está sentado en la sala mientras dos compañeras se entretienen describiendo lo que está pasando en la oficina. Escucha las descripciones y después contesta las preguntas.

1. ¿Quién es la secretaria del director?

   _____

2. ¿Qué gato está encima de la mesa?

   _____

3. ¿Qué chica está sentada a la derecha?

   _____

4. ¿Qué representantes de ventas están de pie?

   _____

5. ¿Cuál es el abogado de Marta?

   _____

6. ¿Quién está sentada a la derecha?

   _____

7. ¿Quién es la hija del dueño?

   _____

8. ¿Quién está apoyado al otro lado de la puerta y parece que está solo?

   _____

Lab Manual

7.4 Transitional expressions

1 **Pequeños detalles** Manuela es un poco olvidadiza *(forgetful)* y a veces en las reuniones de trabajo, toma notas que no tienen mucho sentido. Escucha mientras Manuela lee las notas que tomó en la reunión de esta mañana, y elige la expresión que te parezca más adecuada para completar cada oración. Después, repite oralmente la oración completa para practicar tu pronunciación.

1. a) al contrario
   b) por un lado...
   c) porque

2. a) por otra parte
   b) al contrario
   c) por esa razón

3. a) por lo tanto
   b) al mismo tiempo
   c) ni

4. a) por eso
   b) mientras que
   c) como

5. a) por consiguiente
   b) debido a
   c) por otra parte

6. a) al contrario
   b) por esta razón
   c) como resultado

2 **Tiempos difíciles** Imagina que llevas sólo un año trabajando para una empresa multinacional, cuando la economía global empieza a decaer y las empresas de todos los países empiezan a reorganizarse internamente. Vas a escuchar algunas situaciones que tu jefe te podría presentar en esas circunstancias. Escucha atentamente y escribe lo que tú responderías en cada situación presentada.

1. _____

2. _____

3. _____

4. _____

5. _____

6. _____

Lab Manual

CONTEXTOS

Lección 8

La religión y la política

1 **Identificación** Escucha el siguiente resumen de noticias y después marca las palabras de la lista que se mencionan.

_____ aprobar   _____ líder

_____ ateísmo   _____ luchar

_____ creencia   _____ perdonar

_____ discriminación   _____ rechazar

_____ inscribirse   _____ senador

2 **La noticia** Escucha otra vez la noticia de la **Actividad 1** y contesta las preguntas.

1. ¿Qué cargo político tiene Ramón Pastor?

   _____

2. ¿Qué presentó Ramón Pastor la semana pasada?

   _____

3. ¿Para qué quiere organizar una campaña?

   _____

4. ¿Por qué cree el senador que el Congreso no puede rechazar el proyecto de ley?

   _____

5. ¿Cuándo cree que se va a aprobar la ley?

   _____

3 **Los candidatos** Hay dos finalistas para el puesto de presidente estudiantil en tu universidad, Rosa Martínez y Eusebio Roma. Escucha sus presentaciones y después responde a las preguntas.

1. ¿Qué quiere conseguir Rosa Martínez?

   _____

2. ¿Cómo quiere conseguirlo?

   _____

3. ¿Contra qué tipo de discriminación quiere luchar Eusebio Roma?

   _____

4. ¿Con quién cree Eusebio que debe colaborar el gobierno estudiantil?

   _____

5. ¿Qué es lo que Eusebio no va a permitirle a ningún miembro de la administración?

   _____

6. ¿Cuándo van a ser las elecciones para el cargo de presidente estudiantil?

   _____

Lab Manual

ESTRUCTURA

8.1 The passive voice

1 **Completar** Escucha lo que dice el periodista y completa cada oración con el participio adecuado de la lista. Hay un participio que no es necesario para completar la actividad.

abiertas   escuchado
criticados   gobernado
elegido   recibido

2 **La campaña** Pilar, una estudiante de cuarto año, está preparando un resumen de las presentaciones políticas que tuvieron lugar en la universidad durante la semana pasada. Escucha a Pilar mientras te lee la lista que ha escrito, y vuelve a escribir cada oración usando la forma pasiva.

> **modelo**
>
> Tú escuchas: Los estudiantes escucharon a los candidatos.
> Tú escribes: *Los candidatos fueron escuchados por los estudiantes.*

1. _____
2. _____
3. _____
4. _____
5. _____
6. _____

8.2 Constructions with se

1 **Una situación complicada** Amelia te va a explicar lo que les pasó a dos amigos suyos mientras estaban en la cola esperando para votar durante las últimas elecciones. Escucha su historia y después determina si lo que dicen las siguientes oraciones es **cierto** o **falso**, según la información que escuches.

		Cierto	Falso
1.	Al llegar al centro, los amigos de Amelia se pusieron en la cola.	❏	❏
2.	No se les pidió que mostraran su documentación en ningún momento.	❏	❏
3.	Se les informó de que no podían votar por no ser ciudadanos.	❏	❏
4.	A los responsables del centro se les dañaron las computadoras.	❏	❏
5.	Después, se les prohibió la entrada al centro a todas las personas.	❏	❏
6.	El periódico local no se enteró de la noticia.	❏	❏
7.	Se criticó a los responsables del centro por su falta de organización.	❏	❏
8.	Los amigos de Amelia se tuvieron que marchar sin poder votar.	❏	❏

2 **Un poco de imaginación** Roberto te va a contar lo que le pasó durante la última protesta política en la que participó. Escucha mientras Roberto empieza cada oración y termínala de una forma apropiada, según el contexto.

1. _____
2. _____
3. _____
4. _____
5. _____
6. _____

8.3 Past participles as adjectives

1 **Mirando a la gente** Carlos está aburrido y ha llamado por teléfono a Antonio para contarle cómo son las personas que están en la plaza con él y lo que están haciendo. Escucha las descripciones y elige la opción más adecuada.

> **modelo**
>
> Tú escuchas: Hay una niña pequeña, sentada en un banco, que está llorando.
> Tú lees: a) está enojada   b) está sorprendida
> Tú eliges: a) *está enojada*

1. a) están dormidos   b) están sorprendidos
2. a) están escondidos   b) están cansados
3. a) está aburrida   b) está preparada
4. a) está preocupado   b) está aburrido
5. a) está bien organizada   b) está rota
6. a) está lastimada   b) está enamorada

2 **¿Qué haces?** Cada persona reacciona de una forma diferente ante diversas situaciones. Escucha mientras Adela te cuenta cómo reacciona ella en diferentes momentos y responde indicando cómo reaccionas tú en situaciones similares.

> **modelo**
>
> Tú escuchas: Cuando estoy nerviosa, me tomo un té.
> Tú escribes: *Cuando estoy nervioso, hago ejercicios de relajación.*

1. _____
2. _____
3. _____
4. _____
5. _____

8.4 Pero, sino, sino que, no sólo... sino, tampoco

1 **Tus opiniones políticas** Vas a escuchar al narrador empezando una serie de oraciones relacionadas con la política. Después, escribe un final apropiado para cada oración, según tu opinión personal y tus preferencias políticas.

> **modelo**
>
> Tú escuchas: El mayor problema del país no es la política, sino...
> Tú escribes: *El mayor problema del país no es la política, sino la economía.*

1. _____
2. _____
3. _____
4. _____
5. _____
6. _____

Lab Manual

CONTEXTOS

Lección 9

La cultura popular y los medios de comunicación

1 **Identificación** Escucha las siguientes definiciones y anota el número de la definición correspondiente junto a la palabra que corresponda.

_____ actores

_____ chismes

_____ emisión en vivo

_____ guión

_____ noticiero

_____ prensa sensacionalista

_____ presentador

_____ público

_____ telenovela

_____ titulares

2 **Programación televisiva** Escucha el siguiente anuncio de una cadena de televisión e indica qué programación televisiva le corresponde a cada uno de los días indicados.

Lunes

_____

_____

_____

Miércoles

_____

_____

_____

Viernes

_____

_____

_____

Domingo

_____

_____

_____

Lab Manual

ESTRUCTURA

9.1 Infinitives

1 **Una decisión muy dura** Rosana está tratando de decidir si debe continuar en su papel como actriz secundaria en una telenovela muy famosa o si es mejor trabajar como actriz principal en una obra de teatro de calidad pero con poco público. Escucha sus comentarios y, después, indica si las siguientes afirmaciones son **ciertas** o **falsas**.

		Cierto	Falso
1.	Rosana debe tomar una decisión hoy mismo.	❏	❏
2.	Antes de salir, Rosana necesita ensayar su parte.	❏	❏
3.	Rosana no piensa estudiar la situación en absoluto.	❏	❏
4.	Al quedarse como actriz secundaria, Rosana no pierde nada.	❏	❏
5.	Si se queda como actriz secundaria, no le va a faltar trabajo.	❏	❏
6.	Rosana quiere evitar tomar una decisión sin estar segura.	❏	❏
7.	Lo más importante para Rosana es ser famosa.	❏	❏
8.	El contrato dice que puede trabajar para dos sitios al mismo tiempo.	❏	❏
9.	Rosana va a seguir pensando en su casa hasta las cuatro.	❏	❏
10.	Rosana quiere dejar la decisión para el último minuto.	❏	❏

2 **Yo creo** Vuelve a escuchar los razonamientos de Rosana en la **Actividad 1** y responde a las siguientes preguntas, según tu propia opinión.

1. ¿Qué crees que debe hacer Rosana para tomar la decisión adecuada?

_____

_____

2. ¿Qué factores piensas que debe tener en cuenta al tomar esa decisión?

_____

_____

3. ¿Crees que es inteligente sacrificar las oportunidades futuras a cambio de un presente más seguro? ¿Por qué?

_____

_____

4. ¿Cuáles son los puntos más importantes que tú analizas al tomar una decisión importante como la de Rosana?

_____

_____

5. ¿Crees que las grandes decisiones de la vida se deben tomar sin pensar, dejándose llevar por el instinto, o crees que se deben racionalizar hasta el último detalle?

_____

_____

Lab Manual

9.2 Present perfect subjunctive

1 **Echando una mano** Estás trabajando como ayudante para una publicación sensacionalista. A ti no te gusta el trabajo, pero necesitas el dinero. El problema es que tu jefe no deja de inventar historias que tú sabes que no son verdad. Escucha cada titular que menciona tu jefe, y dile lo que piensas en tus propias palabras.

> **modelo**
>
> Tú escuchas: Jon Bon Jovi se ha divorciado después de 10 años de matrimonio.
> Tú escribes: Dudo mucho que Jon Bon Jovi se haya divorciado.
> (o) Me extraña que Jon Bon Jovi se haya divorciado.

1. _____
2. _____
3. _____
4. _____
5. _____
6. _____

2 **¡Qué nervios!** Imagina que eres el ayudante (*assistant*) de un actor que está nervioso en su primer día de trabajo. Escucha lo que dice el actor e intenta tranquilizarlo. Sigue el modelo.

> **modelo**
>
> Tú escuchas: ¡Qué nervios! Creo que se me ha olvidado el guión.
> Tú escribes: No creo que se te haya olvidado el guión.

1. _____
2. _____
3. _____
4. _____
5. _____
6. _____

3 **Y tú, ¿qué piensas?** Hay personas que son totalmente escépticas y nunca se creen nada de lo que escuchan. También hay personas que son tan ingenuas que piensan que todo lo que ven en la tele o escuchan en la radio es verdad. ¿A qué categoría perteneces tú? Escucha las preguntas y escribe tus respuestas según tu propia opinión. Después, responde oralmente para practicar tu pronunciación.

1. _____
2. _____
3. _____
4. _____
5. _____

Lab Manual

9.3 Prepositions 1

1 **Los planes de la actriz** En su primer trabajo como reportero, Alejandro está siguiendo los pasos de Victoria Abril, una famosa actriz española. Escucha su informe sobre Victoria y, después, selecciona la opción más lógica para completar cada una de las oraciones a continuación.

1. Victoria respondió pacientemente
   a) a las acusaciones.   b) a las preguntas de los periodistas.   c) al señor que le
                                                                                    preguntó la hora.

2. La actriz se mostró en todo momento
   a) con su habitual sonrisa.   b) con sus habituales arrugas.   c) con sus horribles
                                                                                    dientes.

3. Durante su visita al Caribe, la actriz espera pasar
   a) unos días durmiendo.   b) unos días junto a su hermana.   c) un sólo día por
                                                                                    la mañana.

4. Al terminar la rueda de prensa, Victoria
   a) salió a cenar con un camarero.   b) salió a cenar con un caballero.   c) salió a bailar con
                                                                                    un mesero.

5. La identidad del acompañante de Victoria
   a) no ha sido conocida   b) no ha sido aceptada   c) ha sido descubierta.
      hasta el momento.   en el evento.

2 **¿Y tus planes?** Escucha las preguntas sobre tus planes para las vacaciones y contesta cada pregunta con tantos detalles como puedas. Después, responde oralmente para practicar tu pronunciación.

1. _____

2. _____

3. _____

4. _____

5. _____

9.4 Expressing choice and negation

1 **¿Te sientes muy negativo?** Todos tenemos días en los que todo nos parece mal. Imagínate que estás teniendo uno de esos días, y responde a las preguntas del narrador de forma apropiada.

> **modelo**
> Tú escuchas: ¿Quieres comer papas o pollo?
> Tú escribes: *No quiero ni papas ni pollo.*

1. _____

2. _____

3. _____

4. _____

5. _____

PRONUNCIACIÓN

The sounds of b, d, and g

In Spanish, the sounds of **b**, **d**, and **g**, when they occur between two vowels, are quite different from their English counterparts. In this case, they do *not* sound like the **b**, **d**, **g** in English *sober*, *ending*, and *eager*.

Instead, they are produced in the mouth similarly to **f** in *before*, **v** in *oven*, **s** in *boss*, **z** in *razor*, **th** in *think*, **th** in *either*, **sh** in *shoe*, or **s** in *pleasure*. If you pronounce these words aloud in English, paying attention to the sounds represented by the letters in bold, you will find that it is possible to prolong those sounds for as long as you can continue to breathe out. However, if you try to prolong the **b**, **d**, **g** in *sober*, *ending*, and *eager*, you will find that the sounds are stopped abruptly in the mouth until released when your breath is finally forced out. This is *not* the case in Spanish, where **b**, **d**, **g** can be prolonged. You will have the opportunity to practice these sounds below.

Furthermore, in Spanish written **b** and **v** are pronounced identically regardless of their position in the word. The **v** sound of English *favor*, *velvet*, and *victory* does not occur in Spanish.

Practice with Spanish b/v between vowels

Listen to the speaker and repeat each word, trying to mimic the pronunciation as closely as you can.

abajo	**abanico**	**hebilla**	**favor**	**sabor**
robar	**saber**	**Cuba**	**Sevilla**	**haber**

Practice with d between vowels

Listen to the speaker and repeat each word, trying to mimic the pronunciation as closely as you can.

cazado	**manada**	**pelado**	**sentada**	**poder**
adosado	**hedonista**	**hada**	**gladiador**	**cada**

Practice with g between vowels

Now, listen as the speaker pronounces the sound of **g** followed by **a**, **o**, or **u** and the sound of **gu** followed by **e** or **i**.

llaga	**haga**	**hago**	**ruego**	**seguimiento**
sigue	**aguijón**	**hoguera**	**aguja**	**llego**

The sounds of b, d, g in other positions

What happens when Spanish **b**, **d**, **g** occur in other positions in the word? In that case, their pronunciation matches that of their English counterparts. (Remember that **b** and **v** are pronounced identically.) For instance, at the beginning of a sentence or after **n** or **m**:

Listen to the speaker and repeat each word, trying to mimic the pronunciation as closely as you can.

¡Buenos días!	**Ven conmigo.**	**Dime.**	**Gustavo vino ayer.**
ambas	**envuelto**	**endurecer**	**engordar**

Further practice

Now that you have had the chance to focus on your pronunciation, listen as the speaker says the following sentences and repeat.

¿Cuánta madera roería un roedor si los roedores royeran madera?

Lab Manual

CONTEXTOS

Lección 10

La literatura y el arte

1 **Identificación** Escucha las afirmaciones del narrador para determinar si cada una de ellas es **cierta** o **falsa**, según las ilustraciones.

Cierto	Falso	
❏	❏	1. _____
❏	❏	2. _____
❏	❏	3. _____
❏	❏	4. _____
❏	❏	5. _____

2 **Crítica** Escucha la siguiente crítica literaria transmitida en un programa de radio y, después, contesta las preguntas.

1. _____
2. _____
3. _____
4. _____
5. _____
6. _____

3 **El arte y la literatura** ¿Sabes mucho sobre arte? ¿Y sobre literatura? Para medir tus conocimientos, escucha las preguntas del narrador y, después, elige la respuesta que te parezca más lógica y apropiada para cada pregunta.

1. a) significa que el cuadro contiene una planta y un animal muertos
    b) significa que el cuadro contiene imágenes de la naturaleza sin movimiento

2. a) para incluir comentarios, aclaraciones o referencias adicionales
    b) para incluir datos personales sobre su vida privada

3. a) vive durante el mismo período que vivimos nosotros
    b) es una persona que siempre hace las cosas con tiempo

4. a) es una impresión de la cara del artista que pinta el retrato
    b) es una impresión de un retrato superpuesto sobre un auto

5. a) es una reunión donde la gente rica se junta para hablar de arte
    b) es un evento en el que se puede vender y comprar obras de arte

Lab Manual

ESTRUCTURA

10.1 The future perfect and the conditional perfect

1 **La galería de arte** Manuela es la directora de una galería de arte. Armando, su ayudante, está explicándole los planes que ha preparado después de reunirse con los próximos tres artistas que exhibirán sus obras en la galería. Escucha las notas de Armando y después, completa las siguientes oraciones, según la información que escuches.

1. Ramón habrá terminado los dos últimos cuadros para....

_____

2. La reunión entre Armando y los artistas tiene lugar el...

_____

3. Emilio, el pintor de retratos, habrá resuelto sus problemas personales para...

_____

4. Lucía habrá completado su última escultura...

_____

5. La exposición de primavera incluirá obras de varios...

_____

6. La exposición de los cuadros de Ramón será...

_____

2 **Cancelada** La exposición que organizaba Manuela en la **Actividad 1** se canceló. Escucha sus planes otra vez y vuelve a escribir las oraciones reemplazando el futuro perfecto por el condicional perfecto. Sigue el modelo.

> **modelo**
> *Tú escuchas:* Para el martes, ya te las habré enviado por correo electrónico.
> *Tú escribes:* Para el martes, ya te las habría enviado por correo electrónico.

1. _____
2. _____
3. _____
4. _____
5. _____

3 **Ponte en su lugar.** Gabriel, un escritor y pintor inexperto, te va a explicar lo que hizo en varias situaciones profesionales en las que se encontró durante el último año. Escucha lo que hizo Gabriel y, después, indica qué habrías hecho tú, de estar en el lugar de Gabriel.

> **modelo**
> *Tú escuchas:* Me prometieron exhibir mis cuadros en una galería de arte y después de preparar las obras, la directora me dijo que había cambiado de opinión. Yo acepté su decisión y no dije nada.
> *Tú escribes:* Yo habría exigido dinero por mi trabajo.

1. _____
2. _____
3. _____
4. _____
5. _____
6. _____

Lab Manual

10.2 The past perfect subjunctive

1   **Quejas y más quejas**   ¿Recuerdas a Armando, el ayudante de la galería de arte? Después de la última exposición, Armando anotó todos los comentarios negativos de los artistas e invitados para comentárselos a la directora al día siguiente. Escucha las notas de Armando y después, escríbelas de forma apropiada para pasárselas a la directora.

> **modelo**
>
> *Tú escuchas:* A Ramón no le gusta que haya asistido tanta gente a la exposición.
>
> *Tú escribes:*   A Ramón no le gustó que hubiera asistido tanta gente a la exposición.

1. _____
2. _____
3. _____
4. _____
5. _____
6. _____
7. _____
8. _____

2   **¿Algo que objetar?**   Piensa en la última vez que asististe a una exposición. Basándote en esa experiencia, escucha las frases que dice el narrador y complétalas de forma apropiada.

> **modelo**
>
> *Tú escuchas:* Cuando llegué allí, me molestó que no...
>
> *Tú escribes:* Cuando llegué allí, me molestó que no hubiera nada de comer. o Cuando llegué allí, me molestó que no hubiera llegado nadie.

1. _____
2. _____
3. _____
4. _____
5. _____
6. _____

10.3 Si clauses with compound tenses

1 **Excusas** Manuela, la jefa de Armando, no sabe aceptar las críticas. Por eso, cada vez que un artista o un invitado se queja de algo, ella le echa la culpa a las circunstancias, en vez de asumir responsabilidad por lo que pasó. Escucha lo que dice y termina cada una de sus oraciones con la respuesta más lógica, basándote en lo que sabes sobre Manuela.

1. a) yo habría contratado a alguien para que la ayudara.
   b) yo no habría hecho nada al respecto.

2. a) yo habría enviado más invitaciones antes de la exposición.
   b) yo habría sabido exactamente cuántas personas irían a la exposición.

3. a) nadie habría sacado fotos de ella.
   b) nadie le habría hablado durante la exposición.

4. a) yo las habría guardado en un armario.
   b) yo las habría puesto en un sitio donde ocuparan menos espacio.

5. a) yo habría podido planearlo todo con más detalle.
   b) yo los habría invitado a cenar todas las noches.

6. a) habría revisado todos los detalles para que todo saliera bien.
   b) habría contratado a otra persona para hacer mi trabajo.

2 **Tus excusas** Imagina que no te gusta el arte y que tienes que inventarte excusas cuando te invitan. Escucha las afirmaciones y después termina las oraciones de forma lógica. Sigue el modelo. Después, lee las oraciones completas para practicar tu pronunciación.

> **modelo**
> Tú escuchas: No me gustan los museos.
> Tú lees: Si mis padres me hubieran invitado a un museo,
> Tú escribes: yo les habría dicho que no tenía tiempo libre.

1. Si mi mejor amigo me hubiera regalado una novela, _____

2. Si mis compañeros de clase me hubieran invitado al teatro, _____

3. Si mi vecina me hubiera pedido que fuera con ella, _____

4. Si mi amigo Enrique me hubiera hecho un retrato, _____

5. Si hubiera recibido una invitación de mi jefe, _____

3 **¿Qué habrías hecho tú?** Escucha las preguntas del narrador y responde escribiendo qué habrías hecho tú en cada situación. Después, escucha las preguntas otra vez y responde oralmente para practicar tu pronunciación.

1. _____

2. _____

3. _____

4. _____

5. _____

6. _____

Lab Manual

10.4 How to say *to become*

1 **Consejos de una experta** La hija de un famoso pintor está dando una charla en una academia de arte, para motivar a los nuevos estudiantes. Escucha este segmento de su presentación y, después, selecciona la mejor respuesta para cada una de las oraciones a continuación, según la información que escuches.

1. Lo más importante para llegar a ser un gran artista es
   a) el dinero
   b) los recursos
   c) la voluntad de triunfar

2. Para convertirse en artistas profesionales, los estudiantes deben
   a) buscar dentro de sí mismos
   b) casarse con una persona rica
   c) abandonar a su familia

3. Para transmitir su visión artística al resto del mundo, los estudiantes necesitarán
   a) pasión
   b) tener razón
   c) conducir un camión

4. El camino de un artista puede convertirse en algo tan duro que los estudiantes
   a) pueden considerar enrolarse en el ejército
   b) pueden pensar en abandonar su carrera
   c) pueden ganar mucho dinero

5. La oradora aconseja que cuando todo se vuelva demasiado difícil, los estudiantes
   a) lo dejen todo a un lado hasta sentirse nuevamente motivados
   b) se obliguen a continuar
   c) contraten a un ayudante

6. Según la oradora, el arte es algo que no puede
   a) forzarse
   b) venderse
   c) comprarse

2 **Yo te aconsejo** Imagina que uno de tus amigos quiere convertirse en alguien famoso, pero no sabe cómo lograrlo. Escucha el principio de estas oraciones y complétalas con tus propias ideas para ofrecerle algunos consejos a tu amigo. Sigue el modelo.

> **modelo**
> Tú escuchas: Para llegar a ser famoso,...
> Tú escribes: Para llegar a ser famoso, tienes que ir a muchas fiestas.

1. _____
2. _____
3. _____
4. _____
5. _____

CONTEXTOS

Lección 11

La tecnología y la ciencia

1 **Identificación** Escucha las siguientes definiciones y escribe el número de cada una junto a la palabra correspondiente.

_____ a. arma

_____ b. caducar

_____ c. combustible

_____ d. clonar

_____ e. descubrimiento

_____ f. estrella

_____ g. fabricar

_____ h. herramienta

_____ i. luna llena

_____ j. patente

2 **¿Para bien o para mal?** Algunos adelantos científicos son muy positivos, pero otros causan problemas que pueden resultar destructivos para la Humanidad. Escucha las siguientes oraciones, determina si se refieren a un descubrimiento o invento positivo o negativo, y escribe el nombre del invento o descubrimiento en la columna apropiada.

> **modelo**
>
> Tú escuchas: Se ha descubierto una cura para el cáncer.

POSITIVO	NEGATIVO
Cura para el cáncer	

3 **Pues...** Escucha con atención las preguntas y, después, contéstalas según tu opinión.

1. _____
2. _____
3. _____
4. _____
5. _____
6. _____

Lab Manual

ESTRUCTURA

11.1 Diminutives and augmentatives

1 **Cuestión de gustos** Marta y Carlos están en un laboratorio de genética humana esperando el momento de su cita para determinar qué tipo de bebé les gustaría tener. Escucha su conversación y, después, determina si cada una de las siguientes oraciones es cierta o falsa, según lo que escuches.

	Cierto	Falso
1. Marta quiere que el laboratorio les prepare una princesita.	❏	❏
2. Carlos tiene miedo de tener un bebé con una naricita pequeña.	❏	❏
3. Marta quiere un bebé con ojos muy grandotes.	❏	❏
4. Marta y Carlos pueden decidir cómo será la vocecita del bebé.	❏	❏
5. Marta vio a un bebé en el laboratorio con unos dientecitos perfectos.	❏	❏
6. Los bebés del laboratorio se preparan en unos tubitos de plástico.	❏	❏

2 **Te toca a ti.** Imagina que tienes que elegir las características de tu futuro bebé. El problema es que tu pareja quiere todo lo contrario para el bebé. Escucha lo que dice tu pareja y escribe lo opuesto.

> **modelo**
> Tú escuchas: El bebé debe tener unas manitas muy pequeñas.
> Tú escribes: *Pues yo quiero que el bebé tenga unas manotas enormes.*

1. _____
2. _____
3. _____
4. _____
5. _____

11.2 Pedir/preguntar and conocer/saber

1 **¿Estás al día?** ¿Sabes cuáles han sido los últimos adelantos científicos y tecnológicos? ¿Estás informado sobre estos temas? Escucha las preguntas y responde según la información que tengas. Si no estás seguro, puedes inventarte la respuesta.

1. _____
2. _____
3. _____
4. _____
5. _____

Lab Manual

11.3 Prepositions II: de, desde, en

1 **¡Qué falta de atención!** Jaime, un estudiante de ingeniería genética, está intentando contarle a un amigo lo que sucedió durante su primer día de clases. El problema es que Jaime se distrae muy fácilmente y nunca termina de decir las oraciones que empieza. Escucha lo que dice y termínalas de forma lógica.

1. _____
2. _____
3. _____
4. _____
5. _____
6. _____

2 **En la oficina del doctor Montalvo** Escucha la conversación entre el doctor Montalvo, un químico que enseña en la universidad, y uno de sus alumnos de primer año. Después, determina qué opción es la más adecuada para completar cada una de estas oraciones.

1. Roberto sólo lleva esperando...

   a) desde las diez.
   b) media hora en total.

2. El doctor Montalvo estaba resolviendo otros problemas...

   a) en la oficina del decano.
   b) desde la oficina del decano.

3. Roberto quería hablar con el doctor Montalvo...

   a) desde antes de este semestre.
   b) desde que comenzó el semestre.

4. De todas las clases que tiene Roberto, las de ciencias...

   a) son las más aburridas.
   b) son las que menos le gustan.

5. El doctor Montalvo le dice a Roberto que...

   a) de una forma u otra necesita esas clases.
   b) de una forma u otra no va a pasar el examen.

6. El doctor Montalvo menciona que aunque Roberto cambie de carrera...

   a) va a tener que estudiar ciencias.
   b) va a tener que estudiar en su casa.

3 **De, desde, en** Escucha las preguntas con atención y después contéstalas con oraciones completas, según tu opinión.

1. _____
2. _____
3. _____
4. _____
5. _____

Lab Manual

CONTEXTOS

La historia y la civilización

1 **Identificación** Escucha las palabras y expresiones que menciona el narrador, y determina cuál de las siguientes opciones define mejor cada palabra o expresión, en el contexto de la historia de Latinoamérica.

1. a) Individuo que dirige a un grupo de personas en una guerra
   b) Persona que lucha contra los monarcas

2. a) País industrializado del Hemisferio Occidental
   b) País que está desarrollando su sistema económico

3. a) Uso de materiales para crear explosiones
   b) Abuso de personas o animales mediante el uso de la fuerza

4. a) Obligar a otros a permanecer en un estado de obediencia y sumisión
   b) Organizar el trabajo de otras personas

5. a) Quitarles la libertad a otras personas imponiendo la voluntad propia
   b) Quitarles los recursos básicos a otras personas

6. a) Período de 1000 años de duración
   b) Período de 100 años de duración

2 **¿Qué sabes de la historia latinoamericana?** ¿Has estudiado algo sobre la historia de Latinoamérica en alguna de tus clases? Ésta es tu oportunidad de demostrar tus conocimientos sobre el tema. Escucha las afirmaciones del narrador y después, determina si cada una de ellas es **cierta** o **falsa**, según tus conocimientos.

Cierto	Falso	
❑	❑	1. _____
❑	❑	2. _____
❑	❑	3. _____
❑	❑	4. _____
❑	❑	5. _____
❑	❑	6. _____
❑	❑	7. _____
❑	❑	8. _____

3 **Preguntas** Escucha con atención las preguntas y después contéstalas según tu opinión.

1. _____
   _____
2. _____
   _____
3. _____
   _____
4. _____

ESTRUCTURA

12.1 Prepositions III: entre, hasta, sin

1 **Entre nosotros** Marcos y Roberta, dos estudiantes de historia, están hablando sobre una de sus clases mientras almuerzan. Escucha su conversación y, después, contesta las preguntas a continuación según lo que escuches.

1. ¿Entre qué clases está confundido Marcos?

_____

2. ¿Qué países se repartieron el continente americano?

_____

3. ¿Por qué no le parece bien a Marcos que se repartiera el continente entre esos países?

_____

4. ¿Qué consiguieron entre unos y otros, según Roberta?

_____

5. ¿Qué tipo de problemas piensa Roberta que siempre va a haber entre países diferentes?

_____

6. ¿Qué aprendió Roberta en su clase de historia?

_____

2 **Ahora tú** Vuelve a escuchar la conversación entre Roberta y Marcos en la **Actividad 1** ¿Estás de acuerdo con ellos? Escribe una pequeña composición dando tu opinión sobre alguna de sus afirmaciones.

_____

_____

_____

_____

_____

3 **¿Qué opinas?** Ahora vas a tener la oportunidad de decir lo que piensas sobre algunos de estos temas relacionados con la política y la historia mundial. Escucha las preguntas del narrador y contesta según tu opinión.

1. _____
2. _____
3. _____
4. _____
5. _____
6. _____

Lab Manual

12.2 Summary of the indicative

1 **El paso del tiempo** Vas a escuchar una serie de datos históricos. El narrador no sabe cuándo pasaron estos sucesos, si están pasando ahora o si todavía no han ocurrido. Escucha la información y después usa tus conocimientos de historia y de la actualidad mundial para escribir cada frase que escuches en el tiempo verbal adecuado.

> **modelo**
> Tú escuchas: Colón llega a América por primera vez.
> Tú escribes: *Colón llegó a América por primera vez.*

1. _____
2. _____
3. _____
4. _____
5. _____
6. _____

2 **Ahora tú** Ahora, piensa en tu propia historia, y escribe una pequeña secuencia de tu vida incluyendo por lo menos cuatro eventos importantes del pasado, del presente y del futuro.

> **modelo**
> PASADO
> *Nací en mayo de 1974.*
> PRESENTE
> *Estudio periodismo.*
> FUTURO
> *Seré presidente de EE.UU.*

PASADO

_____

_____

_____

PRESENTE

_____

_____

_____

FUTURO

_____

_____

_____

12.3 Summary of the subjunctive

1   Datos incompletos Escucha las oraciones que dice el narrador y completa cada una con la opción más apropiada de la lista.

1. a) lucharan continuamente.
    b) aprendieran a convivir en paz.
    c) oprimieran a los más débiles.

2. a) en los países desarrollados.
    b) en la Edad Media.
    c) con un sistema de esclavitud.

3. a) haya tanta armonía entre los pueblos.
    b) haya tantos barrios.
    c) haya tanto racismo.

4. a) él no habría sido famoso.
    b) él había visto el mar.
    c) el rey Fernando se habría divorciado de ella.

5. a) se termine la semana.
    b) destruyamos el planeta con otra guerra mundial.
    c) el guerrero se rinda.

6. a) probablemente hubiera habido menos problemas entre ellos.
    b) seguro que no se hubieran escrito muchas cartas.
    c) habrían viajado a Europa juntos en un viaje de placer.

2   Opiniones Escucha cómo empieza cada oración y termínala de una forma apropiada, según tu opinión.

1. _____
2. _____
3. _____
4. _____
5. _____
6. _____

3   Si hubieras nacido en 1500 ¿Has pensado alguna vez en las diferencias que habría en tu vida si hubieras nacido en 1500? Escucha estas preguntas y responde según lo que creas que habrías hecho en cada caso. ¡Sé tan creativo como puedas en tus respuestas!

1. _____
2. _____
3. _____
4. _____
5. _____
6. _____

Lab Manual

PRONUNCIACIÓN

Linking

Spanish often links words together based on the last sound of one word and the first sound of the next one. This tendency is why, when listening to native speakers, it may seem difficult to determine where one word ends and the next begins.

Vowel + same vowel

When one word ends with a vowel and the next word begins with the same vowel or same vowel sound, the two identical vowels fuse and sound as a single vowel. Listen to the following examples and repeat them after the speaker.

mi hija	**una amiga**	**estudiante español**	**ventana abierta**	**le escribo**
buena atención	**nuevo olor**	**la administración**	**su última ausencia**	**cariñosa abuela**

Vowel + different vowel

When one word ends with a vowel and the next word begins with a different vowel or same vowel sound, both sounds are pronounced as if they were one single syllable. Listen to the following examples and repeat them after the speaker.

prima ecuatoriana	**este armario**	**yo escucho a Ernesto**	**me obligan**
nueva oportunidad	**techo alto**	**bebo agua**	**he acabado**

Consonant + vowel

When one word ends with a consonant and the next word begins with a vowel or a vowel sound, it sounds as though the consonant were actually occurring at the beginning of the following syllable. Listen to the following examples and repeat them after the speaker.

al amanecer	**las hormigas**	**los hambrientos**	**un agujero**
el águila	**esperar afuera**	**próximas estaciones**	**el acompañante**

BIENVENIDA, MARIELA

Lección 1

Antes de ver el video

1 **¿Qué están diciendo?** En la primera lección los empleados de la revista *Facetas* conocen a Mariela. Mira la foto del video y escribe lo que piensas que Johnny y Mariela están diciendo.

_____

_____

_____

_____

_____

_____

_____

Mientras ves el video

2 **Completar** (0:00:16 – 0:06:06) Completa los diálogos con lo que escuchas en el video.

1. **JOHNNY** En estos momentos _____ en el _____ .

   DIANA ¡No! Di que _____ _____ con un cliente.

2. **JOHNNY** Jefe, _____ un mensaje de Mariela Burgos.

   AGUAYO _____ a reunirse con nosotros.

3. **ÉRIC** ¿Qué tipo de cliente _____ ser?

   JOHNNY Podría ser un _____ o algo así.

4. **AGUAYO** Hay que ser _____ al contestar el teléfono.

   DIANA Es una _____ .

5. **DIANA** Me han hablado tanto de ti que estoy _____ por conocer tu propia versión.

   MARIELA Estudio en la UNAM y _____ de una familia grande.

6. **ÉRIC** La _____ tiene buen gusto.

   FABIOLA ¿Eso es todo lo que _____ que decir?

3 **¿Qué hacen?** (0:04:18 – 0:05:26) Aguayo le presenta el equipo de *Facetas* a Mariela. Escribe el nombre de la persona que trabaja en los campos *(fields)* mencionados.

Campos	Nombre
1. comida, bienestar	_____
2. ventas, mercadeo	_____
3. viajes, turismo	_____
4. fotografía	_____

Video Manual

Después de ver el video

4 **Corregir** Las oraciones a continuación son falsas. Escríbelas de nuevo corrigiendo las frases.

1. Diana les da a sus compañeros copias de la revista *Facetas*.

   _____

2. Aguayo les explica a sus empleados cómo contestar una carta.

   _____

3. Mariela ordena una pizza porque tiene hambre.

   _____

4. Mariela viene de una familia pequeña: dos padres y dos hijos.

   _____

5. Al final, Fabiola y Johnny hablan de comida.

   _____

5 **En tu opinión** Contesta estas preguntas sobre el episodio del video.

1. ¿Crees que Johnny y Éric deben cambiar sus actitudes en el trabajo? Explica tu opinión.

   _____

   _____

2. ¿Qué empleado/a de la oficina es más serio/a? ¿Más divertido/a? ¿Por qué?

   _____

   _____

3. ¿Cuál de los personajes tiene el trabajo más interesante? ¿Por qué?

   _____

   _____

4. ¿Qué relación tienen los empleados con Aguayo? Explica tu respuesta.

   _____

   _____

5. Mariela tiene una familia muy grande. ¿Y tú? ¿Cómo es tu familia?

   _____

   _____

6 **Escribir** Hay seis personajes principales en el video. Escribe un párrafo describiendo a uno de los personajes. Incluye características físicas y de personalidad. ¿Con quién se lleva bien en el trabajo? Puedes inventar algunos detalles.

_____

_____

_____

_____

_____

_____

_____

_____

¡TENGO LOS BOLETOS!   Lección 2

Antes de ver el video

1 **¿Qué boletos?** Describe lo que ves en este fotograma (*video still*). ¿Para qué crees que son los boletos que tiene Mariela? Imagina lo que están diciendo Mariela, Aguayo y Fabiola.

_____

_____

_____

_____

_____

_____

Mientras ves el video

2 **¡Es viernes!** (0:07:42 – 0:08:54) Escucha con atención este segmento del video y escribe al lado de cada personaje el número de los adjetivos que mejor describen su estado de ánimo (*mood*). Hay un adjetivo que no corresponde ni a Johnny ni a Éric. ¿Cuál es? _____

1. aburrido	5. contento	9. feliz	13. seguro
2. alegre	6. deprimido	10. gracioso	14. solo
3. animado	7. desanimado	11. inseguro	15. triste
4. chistoso	8. despeinado	12. inútil	

3 **Completar** (0:09:42 – 0:10:33) Escucha con atención este diálogo entre Éric y Diana. Luego, completa las oraciones.

ÉRIC   Diana, ¿te puedo 1) _____ un 2) _____?

DIANA   Estoy algo 3) _____ para 4) _____, Éric.

ÉRIC   Es que se lo 5) _____ que contar a una 6) _____.

DIANA   Hay dos 7) _____ más en la oficina. ¿8) _____ a Fabiola y a Mariela?

ÉRIC   Temo que se rían 9) _____ se lo cuente.

DIANA   ¡Es un 10) _____!

ÉRIC   Sí, pero temo que se rían de 11) _____ y no del 12) _____.

DIANA   ¿Qué te hace 13) _____ que yo me voy a 14) _____ del chiste y no de ti?

ÉRIC   No sé, ¿tú eres una 15) _____ seria?

DIANA   ¿Y por qué se lo 16) _____ que contar a una 17) _____?

ÉRIC   Es un 18) _____ para conquistarlas.

Video Manual

Después de ver el video

4   **¿Por qué?** Contesta las siguientes preguntas sobre el estado de ánimo de los personajes.

1. ¿Por qué está Johnny tan contento y animado?
_____

2. ¿Por qué está Éric tan triste y deprimido?
_____

3. ¿Por qué está Mariela tan entusiasmada y feliz?
_____

4. ¿Por qué se ríe tanto Diana?
_____

5   **¿Qué dicen exactamente?** Las siguientes oraciones no son exactas. Léelas con atención y luego escríbelas de nuevo corrigiendo todo lo que no es exacto.

1. Tranquilas chicas mexicanas, Johnny está en la oficina.
_____

2. ¡Anímate! Es mitad de mes.
_____

3. Necesitas aburrirte.
_____

4. Tienes que contarles mentiras.
_____

5. Conexión. Aquí tengo el disco compacto. ¿Lo quieren ver?
_____

6. Tiene suerte de que soy un camarero.
_____

7. ¿Alguien tiene café?
_____

8. ¿Lo hiciste tú o sólo lo estás bebiendo?
_____

6   **Diversión y conquista** Explica lo que te gusta hacer para divertirte. Explica también lo que haces para conquistar a los/las chicos/as.

_____
_____
_____
_____
_____
_____
_____
_____
_____

Video Manual

¿ALGUIEN DESEA AYUDAR?   **Lección 3**

Antes de ver el video

1 **¡Estoy a dieta!** Diana regresa del almuerzo con unos dulces. ¿Qué crees que están diciendo Diana, Aguayo y Mariela? Inventa un pequeño diálogo entre ellos.

_____

_____

_____

_____

_____

_____

_____

Mientras ves el video

2 **¿Cierto o falso?** (0:13:34 – 0:14:48) Escucha con atención este segmento del video y di si las siguientes oraciones son **ciertas** o **falsas**.

	Cierto	**Falso**
1. Diana odia los fines de semana.	❏	❏
2. Fabiola y Diana siempre discuten los lunes.	❏	❏
3. Los hijos de Diana la ayudan en las tareas del hogar.	❏	❏
4. Fabiola va de compras con la hija mayor de Diana.	❏	❏
5. El marido de Fabiola es político.	❏	❏
6. La suegra de Diana perdió la tarjeta de crédito.	❏	❏

3 **Completar** (0:16:00 – 0:18:32) Escucha este segmento del video y completa las oraciones.

1. El señor de la _____ dejó un recado diciendo que está _____.

2. Voy a pasar la _____ a la hora del _____.

3. Les _____ unos dulces para premiar su _____.

4. Qué pena que no _____ a tiempo para _____.

Video Manual

Después de ver el video

4 **Excusas** Aguayo pide ayuda a sus empleados para limpiar la oficina, pero todos tienen una excusa. Completa las siguientes oraciones, escribiendo cuál es la excusa de cada personaje.

1. Fabiola no puede ayudar porque

_____

2. Diana no puede ayudar porque

_____

3. Éric no puede ayudar porque

_____

4. Johnny no puede ayudar porque

_____

5 **¡Qué buena es Mariela!** Mariela es la única que ayuda a Aguayo a limpiar la oficina. Escribe todas las tareas que hacen entre los dos. Luego, inventa otras tareas que podrían haber hecho.

Tareas reales

_____
_____
_____
_____

Tareas imaginarias

_____
_____
_____
_____

6 **Limpiar y desinfectar** Explica todo lo que hiciste la semana pasada para tener tu casa limpia y ordenada. Luego, di qué tareas haces cada día, cada semana y cada mes.

_____
_____
_____
_____
_____
_____
_____
_____
_____
_____
_____
_____
_____

¡BUEN VIAJE!

Lección 4

Antes de ver el video

1 **En la selva** En esta lección Éric y Fabiola hablan de su viaje a Venezuela. Mira el fotograma y di qué crees que están haciendo Éric y Johnny.

_____
_____
_____
_____
_____
_____
_____

Mientras ves el video

2 **Ordenar** (0:21:09 – 0:22:00) Escucha con atención este segmento del video y ordena las siguientes oraciones, escribiendo el número que indica el orden correcto en el espacio en blanco.

_____ a. El autobús del hotel nos va a recoger a las 8:30.

_____ b. ¿Y ese último número para qué es?

_____ c. Tenemos que salir por la puerta 12.

_____ d. Es necesario que memoricen esto.

_____ e. Es lo que van a tener que pagar por llegar en taxi al hotel si olvidan los dos números primeros.

_____ f. Cuarenta y ocho dólares con cincuenta centavos.

3 **Seleccionar** (0:22:04 – 0:23:13) Escucha atentamente este segmento y elige todo lo que **NO** oyes.

_____ 1. alojamiento _____ 6. ecoturismo _____ 11. inseguridad _____ 16. reportaje

_____ 2. arriesgado _____ 7. enfrentar _____ 12. peligro _____ 17. selva

_____ 3. artículo _____ 8. enojado _____ 13. quejarse _____ 18. tomando fotos

_____ 4. cobardes _____ 9. explorando _____ 14. rayas _____ 19. turístico

_____ 5. protegido _____ 10. guía fotográfico _____ 15. rayos _____ 20. valiente

4 **¿Quién lo dice?** (0:24:30 – 0:26:04) Presta atención al siguiente diálogo entre Aguayo, Éric, Diana, Johnny y Mariela. Escribe en el espacio en blanco el nombre del personaje que dice cada oración.

_____ 1. Pero te puede traer problemas reales.

_____ 2. Es necesario que dejes algunas cosas.

_____ 3. Todo lo que llevo es de primerísima necesidad.

_____ 4. Debe ser emocionante conocer nuevas culturas.

_____ 5. Espero que disfruten en Venezuela y que traigan el mejor reportaje que puedan.

Video Manual

Después de ver el video

5 **¿Lo sabes?** Contesta las siguientes preguntas.

1. ¿Qué les da Diana a Fabiola y a Éric?
   _____

2. ¿Qué quiere ver Éric?
   _____

3. ¿Por qué no le gusta a Fabiola su foto del pasaporte?
   _____

4. ¿Qué deben memorizar Éric y Fabiola?
   _____

5. ¿Quién se imagina Éric que es cuando está en la selva?
   _____

6. ¿Por qué van Éric y Fabiola a Venezuela?
   _____

7. ¿Qué consejo les da Johnny a Éric y a Fabiola?
   _____

6 **¡Tu mejor amigo se va de viaje!** Tu mejor amigo está preparando un viaje de un mes a un país remoto y exótico del cual no sabe nada, ni siquiera el idioma. ¡Tú eres experto en preparar viajes de este tipo! Escribe un mensaje de correo electrónico a tu amigo dándole consejos. Usa expresiones como: **Es importante que, Es necesario que, Es mejor que, Es urgente que.**

_____
_____
_____
_____
_____
_____
_____

7 **La aventura ha comenzado** Imagina que eres Éric y estás en Venezuela tomando fotos para el reportaje de ecoturismo. Escribe una entrada de diario explicando lo que hiciste, lo que viste y lo que pensaste en un día cualquiera de tu viaje.

_____
_____
_____
_____
_____
_____
_____

Video Manual

¿DULCES? NO, GRACIAS

Lección 5

Antes de ver el video

1 **¡Adiós, dulcísimos!** A Johnny le encantan los dulces, pero ha decidido mejorar su alimentación para mantenerse sano y en forma. Parece que Johnny se está despidiendo de los dulces. ¿Qué crees que está diciendo? Inventa un pequeño monólogo.

_____

_____

_____

_____

_____

_____

_____

Mientras ves el video

2 **Completar** (0:29:23 – 0:30:20) Escucha con atención este segmento del video y completa el siguiente diálogo entre Aguayo, Diana, Éric y Mariela.

AGUAYO   Qué bueno que 1) _____. Quiero que 2) _____ unos cambios a estos diseños.

DIANA   3) _____ que son buenos y 4) _____ pero tienen dos problemas.

ÉRIC   Sí, los 5) _____ son buenos no son originales y los que son originales no son

6) _____.

AGUAYO   ¿Qué 7) _____?

MARIELA   No tengo 8) _____.

DIANA   ¿Qué 9) _____?

AGUAYO   ¿10) _____ la voz?

DIANA   Gracias a Dios… Por un momento 11) _____ que me había quedado 12) _____.

AGUAYO   Pero estás 13) _____, deberías estar en 14) _____.

ÉRIC   Sí, 15) _____ haber llamado para decir que no 16) _____.

3 **Ordenar** (0:31:42 – 0:32:47) Escucha con atención este segmento del video y ordena las siguientes oraciones, escribiendo el número que indica el orden correcto en el espacio en blanco.

_____ a. Fabiola y Johnny hablan en la cocina.

_____ b. Mariela no puede contestar el teléfono de Aguayo.

_____ c. Johnny llega a la oficina muy temprano.

_____ d. Johnny come la Chocobomba.

_____ e. Don Miguel come un dulce.

Video Manual

Después de ver el video

4 **Corregir** Todas las oraciones siguientes son falsas. Vuélvelas a escribir para que sean ciertas.

1. Madrugué para ir al acuario.

_____

2. A veces me dan ganas de comer, y entonces hago ejercicio y más ejercicio hasta que se me pasa.

_____

3. Yo, por ejemplo, no como, pero trato de descansar y hacer poco ejercicio.

_____

4. Comida bien grasienta (*greasy*) y alta en calorías. Juré que jamás volvería a probar las verduras.

_____

5. Si no puedes comer bien, disfruta comiendo mal. No soy infeliz.

_____

5 **¿Estás de acuerdo con ellos?** Explica o cita (*quote*) lo que hacen o piensan estos tres personajes para mantenerse sanos, en forma y, en definitiva (*ultimately*), "felices". Luego, explica si estás de acuerdo o no con cada uno de ellos y por qué.

_____
_____
_____
_____

_____
_____
_____
_____

_____
_____
_____
_____

6 **¿Estás en forma?** Explica lo que haces tú para mantenerte sano/a y en forma.

_____
_____
_____
_____

Video Manual

CUIDANDO A BAMBI

Lección 6

Antes de ver el video

1 **¡Uy, qué miedo!** Parece que algo extraño está pasando hoy en la oficina. Describe lo que ves en este fotograma y explica lo que crees que está pasando.

_____

_____

_____

_____

_____

_____

_____

Mientras ves el video

2 **¿Cierto o falso?** (0:34:37 – 0:36:10) Escucha con atención este segmento del video y di si las siguientes oraciones son **ciertas** o **falsas**.

	Cierto	Falso
1. A Fabiola le encantan las arañas.	❏	❏
2. Mariela cree que la radiación podría exterminar las cucarachas.	❏	❏
3. El café que hace Aguayo es especialmente malo.	❏	❏
4. Aguayo va de vacaciones a un país donde hay muchas hormigas.	❏	❏
5. Mariela va a cuidar el pez de Aguayo.	❏	❏
6. A Aguayo le encanta explorar y disfrutar de la naturaleza.	❏	❏
7. A Fabiola le fascina la comida enlatada.	❏	❏
8. Aguayo colecciona fotos de animales en peligro de extinción.	❏	❏

3 **Completar** (0:37:26 – 0:38:17) Escucha con atención este segmento del video y completa el siguiente diálogo entre Diana, Fabiola y Mariela.

FABIOLA   Nos quedaremos 1) _____ a Bambi.

DIANA   Ay, no sé ustedes, pero yo lo veo muy 2) _____ .

FABIOLA   Claro, su 3) _____ lo abandonó para irse a dormir con las 4) _____ .

MARIELA   ¿Por qué no le 5) _____ de comer?

DIANA   Ya le he 6) _____ tres veces.

MARIELA   Ya sé, podríamos darle el 7) _____ .

Video Manual

Después de ver el video

4 **¿Qué es lo correcto?** Selecciona la letra que mejor responde a cada pregunta.

1. ¿Qué extraña Johnny?
   a. las islas del Caribe   b. las playas del Caribe   c. los peces del Caribe

2. ¿Qué está haciendo Éric?
   a. fotografiando islas   b. catalogando fotos de islas   c. soñando con el Caribe

3. ¿Cuántas fotos de las playas del Caribe ha visto Éric?
   a. trescientas   b. doscientas   c. cuatrocientas

4. ¿Quién es Bambi?
   a. el venadito de Mariela   b. el pez de Aguayo   c. un perrito con cara de pez

5. ¿Qué nombre sugiere Fabiola para el pez?
   a. Bambi   b. Bimba   c. Flipper

5 **¿Lo sabes?** Contesta las siguientes preguntas.

1. ¿Cuántas veces al día puede comer Bambi?
   _____

2. ¿Qué encontró Fabiola en el escritorio de Johnny?
   _____

3. ¿Por qué quiere Mariela darle la ballenita a Bambi?
   _____

4. ¿Qué hace Mariela para alegrar a Bambi? ¿Por qué?
   _____

5. ¿Quién está celoso (*jealous*) de Bambi? ¿Por qué?
   _____

6 **Explica por qué** Contesta las siguientes preguntas explicando tu respuesta y/o expresando tu opinión.

1. ¿Eres amante de los animales? ¿Cuál es tu animal favorito? ¿Qué animal o animales te dan miedo?
   _____
   _____

2. Fabiola se pregunta: "¿Cómo pueden llamarle vacaciones a eso de dormir en el suelo y comer comida enlatada?" ¿Estás de acuerdo con ella? ¿Crees que ir de campamento es pesado y aburrido?
   _____
   _____

7 **De campamento** Di adónde te gustaría ir de campamento y explica por qué.
   _____
   _____
   _____
   _____
   _____
   _____
   _____
   _____

Video Manual

NECESITO UN AUMENTO   Lección 7

Antes de ver el video

1   **Regalo de aniversario**   La revista *Facetas* celebra su segundo aniversario. Diana cree que sería una buena idea hacerle un regalo a Aguayo. En este fotograma vemos a Diana, Fabiola y Éric intercambiando ideas. Imagina lo que están diciendo y escribe un pequeño diálogo.

_____

_____

_____

_____

_____

_____

Mientras ves el video

2   **Completar**   (0:42:10 – 0:42:37 & 0:43:01 – 0:44:03)   Aguayo y los empleados de *Facetas* recuerdan el primer día de Fabiola y Johnny. Presta atención a estos dos segmentos y completa las siguientes oraciones.

1. Mi padre es _____ y no es _____.
2. Por un momento _____ que me había _____ de ti.
3. Se supone que _____ aquí hace media hora y sin embargo, _____ tarde.
4. Aquí se _____ a las nueve.
5. En mi _____ anterior _____ a las cuatro de la mañana y jamás _____ tarde.

3   **¿Quién lo dice?**   (0:44:06 – 0:45:42)   Escucha con atención este segmento del video y escribe en el espacio en blanco el nombre del personaje que dice cada oración.

                                                                     Personaje

1. Chicos, he estado pensando en hacerle un regalo de aniversario a Aguayo.   _____
2. Siento no poder ayudarte, pero estoy en crisis económica.   _____
3. Por lo menos ayúdenme a escoger el regalo.   _____
4. Debe ser algo importado. Algo pequeño, fino y divertido.   _____
5. ¿Qué tal un pececito de colores?   _____

4   **Ordenar**   (0:42:37 – 0:46:54)   Presta atención a estos segmentos del video y ordena las siguientes acciones, escribiendo el número que indica el orden correcto en el espacio en blanco de la izquierda.

_____ a. Fabiola habla con Aguayo en su oficina.

_____ b. Aguayo recuerda cuando Fabiola llegó a la oficina para una entrevista.

_____ c. Mariela le da un billete a Éric.

_____ d. Diana recuerda el primer día que Johnny trabajó en la oficina.

_____ e. Aguayo brinda por el éxito de la revista y por quienes trabajan duro.

Después de ver el video

5 **¿Sabes la respuesta?** Contesta las siguientes preguntas dando tantos detalles como puedas.

1. ¿Qué celebra la revista *Facetas*?

_____

2. ¿Por qué pensó Éric que Fabiola era millonaria?

_____

3. ¿A qué hora entraba Johnny a su antiguo trabajo?

_____

4. ¿Qué le apuesta Mariela a Éric? ¿Quién gana la apuesta?

_____

5. ¿Por qué Fabiola no puede ayudar a comprar un regalo para Aguayo?

_____

6. ¿Por qué cree Fabiola que merece un aumento de sueldo?

_____

7. ¿Qué compañías dice Fabiola que quieren contratarla?

_____

6 **Un aumento de sueldo** Has trabajado duro durante dos años en la misma empresa y crees que mereces un aumento de sueldo. Escribe un diálogo hipotético entre tu jefe y tú.

_____

_____

_____

_____

_____

_____

_____

_____

_____

_____

7 **¡Cuántos recuerdos!** Recuerda o inventa lo que pasó durante tu primer día en un trabajo. Si lo prefieres, escribe sobre tu primer día en la universidad.

_____

_____

_____

_____

_____

_____

_____

_____

_____

Antes de ver el video

1 **Una pequeña confusión** Aguayo y los empleados de *Facetas* esperan hoy la visita de una diputada muy importante. Mira este fotograma y describe lo que crees que ha pasado y lo que puede pasar.

_____

_____

_____

_____

_____

_____

_____

Mientras ves el video

2 **Completar** Escucha con atención los tres diálogos siguientes y completa las oraciones. Luego, en el espacio en blanco de la izquierda, escribe el nombre del personaje que lo dice.

A. ¿Dónde está la diputada? (0:49:02 – 0:50:26)

_____ 1. Si no regresas con la _____ estás despedida.

_____ 2. Es una mujer _____, con ojeras y de aspecto militar.

_____ 3. No puedo creer que se haya _____ de nombre.

_____ 4. Todo se arreglará. _____ con calma.

_____ 5. Ya la encontrará. Son _____, aparecen sin que nadie los _____.

B. Regalo de bienvenida (0:50:28 – 0:52:48)

_____ 1. Queremos _____ un regalo de bienvenida.

_____ 2. Tiene una dedicatoria _____ por nuestra artista gráfica.

_____ 3. Por su aportación a la democracia, los _____, la justicia y la _____.

_____ 4. Cualquier político que luche contra la _____ se convierte en un fenómeno _____.

_____ 5. Acaban de _____ con Ricky Martin.

C. Rueda de prensa y metida de pata (0:52:50 – 0:53:50)

_____ 1. Hacer _____ la ley le ha dado una posición de _____ en el gobierno.

_____ 2. Se _____ de todos los detalles de mi futuro _____ en la próxima edición de la revista *Facetas*.

_____ 3. _____, ¡no! sino que los periodistas de *Facetas* son los _____ que tratan la política con _____.

_____ 4. Lo _____ pero no _____ a ninguna _____, con ojeras y de aspecto militar.

_____ 5. Aunque ahora mismo regreso a ver si _____ a la _____ diputada que estaba buscando.

Después de ver el video

3 **¡Todo es falso!** Todas las oraciones siguientes son falsas. Escríbelas de nuevo, corrigiendo toda la información falsa.

1. Teresa Mora es una escritora famosa por sus recetas de cocina.

   _____

2. Teresa Mora llega a la redacción de *Facetas* para una entrevista de trabajo.

   _____

3. El equipo de *Facetas* le entrega a la diputada una alfombra persa.

   _____

4. La alfombra persa tiene una dedicatoria en el medio escrita por el fotógrafo de *Facetas*.

   _____

5. En la alfombra se lee: "Por su aportación a la inseguridad ciudadana, la desigualdad social, la discriminación y la injusticia".

   _____

   _____

6. Se enterarán de todos los chismes de mi pasado artístico en el próximo episodio de la telenovela *Intrigas*.

   _____

4 **Ordenar** Ordena los siguientes sucesos tal y como aparecen en el video.

   _____ a. Mariela vuelve al aeropuerto a ver si encuentra a la diputada.

   _____ b. Tere Zamora llega sola a la oficina de *Facetas*.

   _____ c. Mariela regresa decepcionada del aeropuerto y mete la pata (*puts her foot in her mouth*).

   _____ d. Mariela regresa a la oficina sin la diputada.

   _____ e. Diana le entrega a la diputada un obsequio en nombre del equipo de *Facetas*.

   _____ f. Mariela confunde el nombre de la diputada por otro.

   _____ g. Aguayo amenaza con despedir a Mariela si no regresa con la diputada.

   _____ h. Los periodistas confunden a Johnny con Ricky Martin.

   _____ i. Mariela, avergonzada (*embarrassed*), intenta arreglar la situación y se va.

   _____ j. Diana deja caer el plato al suelo a propósito (*intentionally*).

5 **Tu entrevista** Tienes la oportunidad de entrevistar a un político famoso por su lucha contra la injusticia, la discriminación y a favor de la igualdad de derechos. Inventa tu entrevista.

   _____

   _____

   _____

   _____

   _____

   _____

   _____

   _____

   _____

   _____

¡O ESTÁS CON ELLA O ESTÁS CONMIGO! — Lección 9

Antes de ver el video

1 **¿Qué tal te fue?** Fabiola regresa de una entrevista con Patricia Montero, la gran actriz de telenovelas. Mira este fotograma y di qué crees que van a hacer Johnny y Aguayo. Luego, inventa un pequeño diálogo entre estos tres personajes y predice lo que va a pasar en esta lección.

_____
_____
_____
_____
_____
_____
_____

Mientras ves el video

2 **¿Quién lo dice?** (0:55:35 – 0:57:02) Escucha con atención este segmento del video y escribe el nombre del personaje que dice cada oración en el espacio en blanco.

_____ 1. Y al terminar la entrevista, cuando salí del camerino, un señor se me acercó y me preguntó si yo era la doble de Patricia Montero.

_____ 2. ¿Y qué le dijiste?

_____ 3. Dije, bueno… Sí.

_____ 4. No puedo creer que hayas hecho eso.

_____ 5. No tuve opción. Fue una de esas situaciones en las que uno aunque realmente, realmente no quiera, tiene que mentir.

_____ 6. ¿Y qué pasó después?

_____ 7. Me dio estos papeles.

_____ 8. ¡Es el guión de la telenovela!

3 **Completar el final** (0:57:51 – 0:58:50) Escucha con atención estos dos segmentos del video y escribe en el espacio en blanco la letra del final que mejor completa cada oración.

Principio	Final
1. Página tres. La escena es donde _____	a. decidir. ¡O estás con ella o estás conmigo!
2. ¡Fernando Javier! Tendrás que _____	b. casarse. Espero que se hayan divertido a mis espaldas.
3. Ni la amo a ella, ni te amo _____	c. Valeria sorprende a Fernando con Carla.
4. Sé que decidieron _____	d. a ti. Las amo a las dos.

Después de ver el video

4 **Ordenar** Ordena los siguientes sucesos en el mismo orden en que aparecen en el video. Indica el orden escribiendo el número correcto en los espacios en blanco de la izquierda.

_____ a. Aguayo y Johnny interrogan a Fabiola con mucho interés.

_____ b. Fabiola entra a la oficina con un casco de ciclista (*bike helmet*), unas coderas (*elbow pads*) y unas rodilleras (*knee pads*).

_____ c. Aguayo empieza a leer emocionado una escena del guión.

_____ d. Fabiola, Johnny y Mariela ensayan las escenas de la telenovela en la oficina.

_____ e. Fabiola llega a la oficina de una entrevista.

_____ f. Diana llega a la oficina con unos paquetes en la mano y se le caen.

5 **Unas preguntas** Contesta las siguientes preguntas y razona tus respuestas.

1. ¿Por qué crees que Aguayo deja que Fabiola ensaye sus escenas en la oficina?

_____

2. Aguayo le dice a Fabiola: "Me alegro que hayas conseguido ese papel en la telenovela. El otro día pasé frente al televisor y vi un pedacito, sólo treinta segundos. Mi esposa no se la pierde." ¿Por qué crees que Aguayo enfatiza "sólo treinta segundos" y luego añade: "Mi esposa no se la pierde."?

_____

_____

3. ¿Por qué se le caen los paquetes a Diana cuando llega a la oficina?

_____

6 **Información y comunicación** Contesta estas preguntas y explica tus respuestas.

1. ¿Te gustan las telenovelas en español? ¿Sigues religiosamente alguna telenovela en particular?

_____

2. ¿A través de qué medio/s de comunicación te gusta seguir la actualidad? ¿Crees que es importante estar bien informado?

_____

3. ¿Qué papel crees que juega Internet en la comunicación actual y en la cultura popular?

_____

_____

7 **¡Luces, cámaras, ... acción!** Inventa la escena anterior entre Valeria, Carla y Fernando. No olvides añadir las indicaciones de escena (*stage directions*).

_____

_____

_____

_____

_____

_____

UNAS PINTURAS... RADICALES

Lección 10

Antes de ver el video

1   **¡Es arte!**   Basándote en el título de esta lección y el fotograma, di qué están haciendo estos tres personajes. Luego, predice lo que va a pasar en esta lección y escribe qué palabras crees que oirás.

_____

_____

_____

_____

_____

_____

_____

Mientras ves el video

2   **Completar**   (1:01:43 – 1:03:15) Johnny, Éric y Mariela fingen que están en una galería de arte. Escucha con atención este segmento del video y completa el siguiente diálogo.

JOHNNY   Me imagino que habrán 1) _____ toda la 2) _____. ¿Qué les parece?

ÉRIC   Habría 3) _____ ir al cine. Estas 4) _____ son una porquería.

JOHNNY   No puedes decir eso en una exposición. Si las obras no te gustan, puedes decir algo más
5) _____ como que son 6) _____ o radicales.

MARIELA   Si 7) _____ pensado que son 8) _____ o que son radicales lo habría dicho.
Pero son horribles.

JOHNNY   Mariela, horrible 9) _____ no se 10) _____.

3   **Identificar**   (1:01:43 – 1:05:20) Identifica qué personaje hace las siguientes observaciones.

_____   1. Es lo que la gente hace con el arte. Sea modernismo, surrealismo o cubismo,
si es feo es feo.

_____   2. En las galerías suele haber bebidas para el público.

_____   3. Es como el verso de un poema.

_____   4. Eso es una falta de respeto al artista.

_____   5. Podrías llegar a ser un gran vendedor de arte.

Video Manual

Después de ver el video

4 **¡Al revés!** Todas las oraciones siguientes son falsas. Escríbelas corrigiendo toda la información falsa.

1. Johnny lleva a la oficina unas esculturas para venderlas.

   _____

2. Mariela, Éric y Johnny fingen que están criticando las obras de arte en un museo.

   _____

3. Éric cree que en las galerías de arte debería haber más bebidas.

   _____

4. Diana cree que las pinturas de Johnny son impresionantes.

   _____

5. Fabiola quiere comprar las tres pinturas de Johnny.

   _____

6. Johnny imagina que está dirigiendo una orquesta filarmónica en la oficina.

   _____

7. Fabiola cree que la Mona Lisa debería tener el pelo de color amarillo.

   _____

8. En vez de pagar la apuesta, Mariela prefiere invitar a Éric a cenar.

   _____

5 ***Facetas* y el arte** A partir de las opiniones y reacciones que expresan los personajes en esta lección, describe brevemente la actitud que crees que tiene cada uno de ellos frente al arte.

 Aguayo:

_____

_____

 Mariela:

_____

_____

 Éric:

_____

_____

 Fabiola:

_____

_____

6 **¿Quién da más?** Imagina que eres un/una gran amante del arte y que estuviste en una subasta de obras muy prestigiosas. Di qué compraste y explica por qué. Di qué reacción te causó lo que viste. ¿Qué hiciste con lo que compraste?

_____

_____

_____

_____

_____

_____

_____

_____

EL PODER DE LA TECNOLOGÍA

Lección 11

Antes de ver el video

1 **Sobredosis de euforia** Mira el fotograma y describe lo que ves. ¿Qué crees que está pasando? Tal vez el título de esta lección puede darte una pista (*clue*).

_____

_____

_____

_____

_____

_____

_____

Mientras ves el video

2 **Seleccionar** (1:08:18 – 1:09:03) Escucha con atención este segmento introductorio del video y selecciona todo lo que oyes.

_____ 1. agujerito

_____ 2. capacidad

_____ 3. conexión

_____ 4. control remoto

_____ 5. firmita

_____ 6. grandota

_____ 7. herramienta

_____ 8. imagen digital

_____ 9. instalación

_____ 10. Internet

_____ 11. pantalla líquida

_____ 12. satélite

_____ 13. sobredosis

_____ 14. sonido indefinido

_____ 15. transbordador espacial

3 **¿Cierto o falso?** (1:09:49 – 1:10:50) Presta atención a este segmento del video y di si las siguientes afirmaciones son ciertas o falsas.

		Cierto	Falso
1.	Johnny está en el suelo desmayado.	❑	❑
2.	Diana llama a una ambulancia.	❑	❑
3.	Según Fabiola, Johnny sufrió una sobredosis de euforia.	❑	❑
4.	La pantalla líquida dejó a Johnny sin palabras (*speechless*).	❑	❑
5.	Aguayo intenta reanimar (*revive*) a Johnny con sal.	❑	❑

4 **Completar y nombrar** (1:10:51 – 1:13:52) Escucha con atención estos segmentos del video y completa las siguientes preguntas. Luego, escribe en el espacio en blanco el nombre del personaje que pregunta.

_____ 1. ¿Sabían que en el _____ espacial de la NASA tienen este tipo de _____?

_____ 2. ¿Dónde _____ a instalarla?

_____ 3. ¿A menos que quieras _____ la pantalla con cinta adhesiva y luego _____ aceite lubricante?

_____ 4. ¿Estás _____ de que _____ lo que haces?

_____ 5. ¿Adónde se _____ la luz cuando se _____?

Video Manual

Después de ver el video

5 **El poder de la tecnología** Responde a las siguientes preguntas "técnicas".

1. ¿Cómo se siente Johnny cuando ve a los dos hombres que traen una caja enorme? ¿Por qué?
   _____

2. ¿Qué características tiene la pantalla líquida que recibe *Facetas*?
   _____

3. ¿Por qué crees que se desmaya Johnny?
   _____

4. Según Mariela, ¿cuál es la causa del desmayo de Johnny?
   _____

5. ¿Para qué le da Éric un pote de sal a Aguayo?
   _____

6. ¿Cómo reanima (*revive*) Diana a Johnny?
   _____

7. ¿Quién se ofrece de voluntario para instalar la pantalla? ¿Quién lo ayuda?
   _____

8. ¿Qué pasa cuando Johnny empieza a taladrar en la pared?
   _____

9. ¿Qué usa Aguayo para llamar a su esposa? ¿Por qué?
   _____

10. ¿Adónde se va la luz cuando se va?
    _____

6 **¿Qué opinas?** Comenta la observación de Diana: "Nada ha cambiado desde los inicios de la humanidad." ¿Por qué crees que lo dice? ¿Estás de acuerdo con ella? Razona tu respuesta.

_____

_____

_____

7 **¿Vida sin tecnología?** Enumera todos los aparatos que tienes en casa que necesitan electricidad o pilas (*batteries*) para funcionar. Inclúyelos todos, desde los más sencillos hasta los más sofisticados. Luego, di sin cuáles de ellos no podrías vivir y reflexiona sobre cómo sería tu vida sin ellos.

_____

_____

_____

_____

_____

_____

_____

_____

_____

_____

_____

Video Manual

ESTA NOCHE O NUNCA

Lección 12

Antes de ver el video

1 **¿Lista?** ¿Cuál crees que es la novedad hoy en la redacción de *Facetas*? ¿Adónde crees que van nuestros amigos tan elegantes? Imagina de qué va a tratar esta última lección. ¿Cuál crees que sería un buen final?

_____

_____

_____

_____

_____

_____

_____

Mientras ves el video

2 **¿Qué personaje lo dice?** (1:14:10 – 1:15:33) Escucha con atención este segmento introductorio del video y escribe el nombre del personaje que lo dice.

	Personaje
1. ¿Qué haces _____ así tan temprano?	_____
2. La ceremonia no _____ hasta las _____ de la noche.	_____
3. Lo sé pero tengo que _____ con el traje puesto.	_____
4. ¿Practicar _____?	_____
5. Ponerme de pie, _____ las escaleras, sentarme, _____ y todo eso.	_____

3 **¡Llegó la lista!** (1:16:17 _ 1:17:35) Aguayo lee la lista de los nominados. Presta mucha atención a este segmento y di en qué categoría ha sido nominado cada uno de los siguientes personajes.

Nominados   **Categorías: Mejor...**

1. Éric   _____

2. Mariela   _____

3. Aguayo   _____

4. Johnny   _____

4 **Minidiálogos** (1:17:36 – 1:19:17) Escucha con atención estos dos minidiálogos y completa las siguientes versiones resumidas.

MARIELA Mira que 1) _____ tan bonitos voy a 2) _____ esta noche.

FABIOLA Pero... ¿tú sabes 3) _____ con 4) _____?

JOHNNY ¿Con 5) _____ vas a 6) _____ esta noche?

ÉRIC ¿Estás 7) _____? Entre 8) _____, comida y todo lo demás, me 9) _____. Mejor voy 10) _____.

Video Manual

Después de ver el video

5 **Pero... ¿Por qué?** Contesta las siguientes preguntas de manera convincente.

1. ¿Por qué llega Johnny a la oficina vestido de traje, temprano por la mañana?

_____

_____

2. ¿Por qué prefiere Éric ir solo a la ceremonia?

_____

_____

3. ¿Por qué cree Johnny que Éric debería invitar a Mariela a la ceremonia?

_____

_____

_____

6 **¿Y el final?** Completa las siguientes oraciones, escribiendo el final en el espacio en blanco.

1. Aguayo ha sido nominado por su artículo _____ .

2. Johnny no ha sido nominado para ningún premio porque _____ .

3. El problema que tienen los zapatos de Mariela es que _____ .

4. Fabiola le aconseja a Mariela que _____ .

5. A Johnny se le cae al suelo _____ .

7 **Gracias por este premio...** ¿Has ganado un premio alguna vez? Di por qué lo ganaste y describe la experiencia. Si nunca has ganado ningún premio, inventa uno y di lo que hiciste. Luego, escribe un pequeño discurso de agradecimiento.

_____

_____

_____

_____

_____

_____

_____

_____

_____

_____

_____

_____

_____